Copyright © 2023 Alexandre Pocholle

Tous droits réservés.

ISBN : 9798399337401

Sommaire

Sommaire 2

Introduction 7

Partie 1 : Introduction à l'aquariophilie marine 11

  1. Qu'est-ce que l'aquariophilie marine ? *12*

    Définition de l'aquariophilie marine 12

    Les éléments distinctifs de l'aquariophilie marine 13

    La diversité et la beauté des espèces marines disponibles 14

    Les défis spécifiques de l'aquariophilie marine 17

    Les compétences et les connaissances pour réussir 19

  2. L'équilibre écologique dans un aquarium marin *22*

    Qu'est-ce que l'équilibre écologique ? 22

    Les conséquences d'un déséquilibre non maîtrisé 24

    Les stratégies pour maintenir un équilibre écologique 26

Partie 2 : Préparation et installation de votre aquarium marin 29

  1. L'emplacement idéal pour votre aquarium *30*

    Considérations liées à la stabilité et à la sécurité 30

    L'influence de la lumière naturelle et artificielle 32

    Éloignement des sources de chaleur et des courants d'air 34

    Éviter les zones sujettes aux vibrations ou aux bruits 35

    Choix de la pièce idéale 36

  2. Taille et type d'aquarium adaptés aux espèces marines *38*

    Les exigences de taille pour différentes espèces marines 38

Avantages des aquariums en verre ou acrylique 40

Formes et designs 42

3. Équipement nécessaire pour un aquarium marin réussi 45

Systèmes de filtration : types et fonctionnement 45

Qu'est-ce qu'une décantation et est-elle indispensable ? 47

Chauffage et refroidissement de l'eau 49

Éclairage adapté aux coraux et aux habitants marins 51

Outils de surveillance des paramètres 54

Choix de l'osmoseur 54

4. Le cycle de l'azote et l'introduction des premiers habitants ... 58

Explication du cycle de l'azote et son importance 58

Les étapes d'introduction des habitants 59

Partie 3 : Les espèces marines populaires et leur maintenance 63

1. Les poissons d'eau salée 64

Les poissons adaptés à l'aquariophilie marine 64

Choix des poissons en fonction de la taille du bac 66

L'alimentation des poissons marins 68

D'où viennent nos poissons ? 70

2. Les Coraux 72

Présentation des types de coraux marins 72

Les paramètres de l'eau pour maintenir les coraux 74

Placement, fixation et entretien des coraux 76

Contrôle de la croissance 80

Précautions lors de la manipulation des coraux 81

Les maladies courantes affectant les coraux 83

D'où viennent nos coraux ? 86
3. Les autres habitants marins *88*
    Diversité des invertébrés marins disponibles 88
    Sélection et compatibilité des invertébrés avec les habitants . 90
    Les soins spécifiques et les besoins nutritionnels 92
    Les interactions et les comportements des invertébrés 94
4. Compatibilité des espèces et gestion des interactions *97*
    Compatibilité des poissons et des coraux 97
    Gestion des comportements territoriaux et agressifs 98
    Associations bénéfiques entre certaines espèces marines 100

Partie 4 : Mise en pratique 103

1. La mise en place du bac *104*
    Mise en place et entretien de la filtration 104
    L'éclairage 106
    Chauffage et refroidissement de l'eau 110
    Appareils d'automatisation 114
    Techniques d'*aquascaping* 116
2. Préparation de l'eau de mer *119*
    L'importance des changements d'eau réguliers 119
    La salinité et ses implications pour les espèces marines 120
    L'eau de mer de votre aquarium 121
    Prélever l'eau de mer naturelle 122
    Les étapes de fabrication de votre eau de mer 123
    Les techniques pour effectuer un changement d'eau 126
3. Maîtrise de la qualité de l'eau *129*
    Stabilité des paramètres de l'eau 129

Importance des tests réguliers 131
Présentation des différents types de tests 132
Enregistrement et suivi des relevés 135
Gestion efficace du temps 136
Les paramètres "types" pour un aquarium marin 138

4. L'introduction de vos habitants marins *139*
L'acclimatation des poissons 139
L'acclimatation des coraux et autres invertébrés 142

5. Installation et entretien des coraux *145*
Comment fixer les coraux dans l'aquarium 145
Gestion et entretien régulier des coraux 147
Techniques de coupe et de propagation des coraux 148

6. Nourrir les habitants *151*
Nourrir les poissons marins 151
Nourrir les coraux et des invertébrés marins 153
Fréquence d'alimentation 155
Techniques de distribution des repas 156
Les conséquences d'une suralimentation 158
État de santé des habitants lié à l'alimentation 160

Partie 5 : Problèmes courants et solutions **161**

1. Les maladies courantes *162*
Les symptômes des maladies 162
Les causes sous-jacentes des maladies 163
Les traitements courants 164

2. Les nuisibles *167*

Qu'est-ce qu'un nuisible ? 167
Les Anémones nuisibles 169
Les vers et escargots nuisibles 170
Les intrus inoffensifs 171
Méthodes de régulations des nuisibles 172

3. Les algues et cyanobactéries *174*
Les types d'algues courantes 174
Prévention contre la prolifération d'algues indésirables 176

4. Les erreurs les plus fréquentes *178*
Les erreurs liées à la surpopulation de l'aquarium 178
Les erreurs dans le choix des espèces incompatibles 179
Les erreurs liées à l'alimentation et l'entretien 181

Et après... .... *183*
L'engagement éthique et responsable 183
L'évolution et l'adaptation de votre aquarium marin 185

Lexique **189**

Introduction

Imaginez-vous en train d'explorer un monde sous-marin rempli de merveilles et de mystères. C'est l'objectif de ce livre, qui vous ouvre les portes de cet univers enchanteur, où vous pourrez observer de près la vie marine dans toute sa splendeur. Des poissons aux couleurs éblouissantes aux coraux majestueux en passant par les créatures fascinantes, vous découvrirez la richesse incroyable de la vie marine que vous pouvez accueillir chez vous, dans votre propre aquarium.

Préparez-vous à embarquer pour un voyage inoubliable dans les profondeurs de l'aquariophilie marine. Que vous soyez débutant ou déjà passionné, ce guide sera votre allié pour créer un écosystème marin spectaculaire chez vous et vivre une expérience unique en harmonie avec la vie marine.

Au fil des pages, vous serez immergé dans un univers riche en espèces marines aux couleurs éblouissantes et aux comportements captivants. Des poissons exotiques aux coraux majestueux en passant par les fascinants invertébrés, vous découvrirez la diversité incroyable de la vie marine que vous pouvez accueillir dans votre propre aquarium.

Cependant, avant de plonger tête baissée dans l'univers captivant de l'aquariophilie marine, il est essentiel de vous informer en profondeur sur tous les aspects liés à cette pratique. En vous renseignant, vous découvrirez les principes fondamentaux et les compétences nécessaires pour vous épanouir dans ce domaine passionnant. Cette étape préliminaire vous permettra également de minimiser les erreurs potentielles, voire de les éviter complètement, en vous armant des connaissances nécessaires pour réussir votre démarche.

Dans ce guide, vous trouverez des instructions détaillées pour préparer et installer votre aquarium marin, en choisissant l'emplacement idéal et en vous équipant du matériel essentiel pour assurer le bon fonctionnement de votre écosystème sous-marin. Vous apprendrez également à sélectionner les espèces marines adaptées à votre aquarium et à prendre soin d'elles en maintenant la santé des coraux, des poissons et des invertébrés.

Une attention particulière sera accordée à la maîtrise de la qualité de l'eau, en comprenant les paramètres essentiels tels que la salinité, le pH et la température, ainsi qu'aux méthodes pour maintenir une eau saine et équilibrée. Vous découvrirez également comment anticiper et faire face aux problèmes courants tels que les maladies, les nuisibles et les problèmes d'algues, en adoptant des pratiques adaptées et en évitant les erreurs fréquentes.

Enfin, nous prendrons le temps de réfléchir à un aspect essentiel de l'aquariophilie marine, à savoir l'engagement éthique et responsable qu'elle implique. En tant qu'aquariophiles, nous avons la responsabilité de veiller au bien-être des habitants marins que nous accueillons dans nos aquariums. Cela signifie prendre des décisions éclairées et respectueuses de l'environnement, en favorisant des pratiques durables et en contribuant à la préservation des écosystèmes marins.

En outre, un engagement responsable implique de maintenir nos aquariums dans des conditions optimales, en assurant une gestion adéquate de la qualité de l'eau, une alimentation équilibrée et en évitant la surpopulation. Nous devons également être conscients de l'impact environnemental de notre pratique, en réduisant la consommation d'eau, en évitant le gaspillage alimentaire et en adoptant des pratiques d'entretien respectueuses de l'environnement.

Préparez-vous à plonger dans un monde d'émerveillement et de découverte avec ce guide complet de l'aquariophilie marine. Que vous souhaitiez créer un petit récif tropical ou un vaste écosystème marin, les connaissances et les conseils contenus dans ce guide vous aideront à créer un aquarium marin époustouflant, à maintenir la santé de vos habitants marins et à vivre une expérience aquatique inoubliable.

Partie 1 : Introduction à l'aquariophilie marine

1. Qu'est-ce que l'aquariophilie marine ?

Définition de l'aquariophilie marine

L'aquariophilie marine, est une passion fascinante qui consiste à créer et à entretenir un écosystème marin en miniature, dans un aquarium. C'est l'art de reproduire et de maintenir des espèces marines, telles que les poissons, les coraux, les invertébrés et les algues, dans un environnement contrôlé.

Dans l'aquariophilie marine, l'objectif est de recréer fidèlement les conditions naturelles de l'océan dans l'aquarium, en veillant à fournir les paramètres d'eau appropriés, l'éclairage adéquat et les systèmes de filtration nécessaires. Cela permet aux aquariophiles de profiter de la beauté et de la diversité des espèces marines dans le confort de leur propre foyer.

L'aquarium devient un écosystème en soi, où les interactions entre les poissons, les coraux et les autres habitants marins sont essentielles à l'équilibre écologique. L'aquariophile doit veiller à la compatibilité des espèces et à la gestion des interactions, afin de créer un environnement harmonieux pour tous les habitants.

La définition de l'aquariophilie marine englobe donc non seulement la création et l'entretien d'un aquarium marin, mais aussi la compréhension des besoins spécifiques des espèces marines, la préservation de l'équilibre écologique et l'engagement envers des pratiques éthiques et responsables.

Les éléments distinctifs de l'aquariophilie marine

L'aquariophilie marine se distingue de l'aquariophilie d'eau douce par plusieurs caractéristiques uniques. Comprendre ces différences est essentiel pour réussir en aquariophilie marine et maintenir un environnement sain et équilibré pour vos habitants marins.

Tout d'abord, la composition chimique de l'eau de mer diffère considérablement de celle de l'eau douce. L'eau de mer est riche en sels minéraux et a une salinité plus élevée. Cette composition chimique spécifique a des implications majeures sur les espèces marines qui y vivent. Les poissons, les coraux et les invertébrés marins ont des adaptations spéciales pour survivre dans cet environnement salin. Il est donc essentiel de maintenir une salinité appropriée dans votre aquarium marin pour le bien-être de vos habitants.

De plus, les variations de pH, de dureté et de température sont plus prononcées dans un aquarium marin par rapport à un aquarium d'eau douce. Les coraux et d'autres espèces marines sont sensibles à ces fluctuations, il est donc crucial de surveiller et de maintenir ces paramètres dans des plages optimales.

En raison de la diversité des espèces et des interactions entre elles, il est nécessaire de comprendre les besoins spécifiques de chaque habitant marin. Les poissons, les coraux, les invertébrés et autres espèces ont des exigences différentes en termes d'éclairage, de nourriture, de compatibilité et d'espace. Il est donc essentiel de sélectionner soigneusement les espèces et de gérer les interactions pour éviter les conflits et favoriser un environnement harmonieux.

Enfin, l'aquariophilie marine demande des compétences et des connaissances approfondies pour réussir. Contrairement à l'aquariophilie d'eau douce, l'aquariophilie marine nécessite souvent une attention plus minutieuse et une surveillance régulière des paramètres de l'eau. Les propriétaires d'aquariums marins doivent également acquérir des compétences en matière d'alimentation et de nutrition spécifiques aux espèces marines, ainsi que des connaissances sur les maladies courantes et leur traitement.

La diversité et la beauté des espèces marines disponibles

L'un des avantages les plus évidents de l'aquariophilie marine est la beauté visuelle d'un aquarium marin bien entretenu. Un aquarium marin offre un spectacle captivant et apaisant, avec ses couleurs vives, ses formes variées et ses mouvements gracieux. La diversité des espèces marines, des coraux colorés aux poissons exotiques, crée un véritable écosystème vivant à admirer. Les possibilités sont infinies, que vous souhaitiez héberger des poissons aux couleurs vives, des coraux spectaculaires ou des invertébrés intrigants. Chaque espèce apporte sa propre beauté et son charme unique à votre aquarium marin.

Imaginez un aquarium récifal resplendissant, avec des coraux aux teintes vibrantes qui se balancent doucement dans le courant, des poissons aux motifs élégants qui naviguent entre les roches vivantes, et des invertébrés aux formes fascinantes qui ajoutent une touche de mystère. L'aquarium marin devient alors une véritable œuvre d'art vivante, évoluant au fil du temps et offrant des moments de contemplation et d'émerveillement.

Outre l'aspect visuel, un aquarium marin bien entretenu crée une ambiance apaisante et relaxante. L'observation des mouvements fluides des habitants marins, la danse des coraux et le bruit apaisant de l'eau qui circule contribuent à créer une atmosphère sereine et méditative. De nombreux passionnés d'aquariophilie marine trouvent un véritable bien-être dans la contemplation de leur aquarium, en le considérant comme un havre de paix dans leur environnement quotidien.

Les poissons marins offrent une variété impressionnante de formes, de tailles et de couleurs. Des poissons tropicaux aux motifs vibrants tels que les poissons-clowns ou les poissons-anges, aux espèces plus exotiques et rares comme le poisson-pierre ou le poisson-globe, il y en a pour tous les goûts. Leurs mouvements gracieux et leurs comportements fascinants ajoutent une dimension dynamique à votre aquarium marin.

Les coraux, quant à eux, sont de véritables joyaux des océans. Leur diversité est à couper le souffle, allant des coraux durs aux formes complexes et architecturales aux coraux mous aux teintes vives et aux mouvements fluides. Les coraux sont non seulement esthétiquement attrayants, mais ils jouent également un rôle crucial dans l'équilibre écologique de l'aquarium marin en fournissant un abri et en contribuant à la filtration de l'eau.

Les invertébrés marins, tels que les crevettes, les crabes, les anémones de mer et les étoiles de mer, ajoutent une dimension fascinante à l'aquarium marin. Leurs formes étranges et leurs comportements  uniques créent un environnement dynamique et captivant. Par exemple, les crevettes nettoyeuses jouent un rôle important en entretenant la propreté de l'aquarium en se nourrissant des parasites sur les poissons, tandis que les anémones de mer offrent un spectacle hypnotisant avec leurs tentacules colorés et leurs interactions symbiotiques avec les poissons-clowns.

 La combinaison harmonieuse de différentes espèces marines dans votre aquarium marin crée une scène vivante et équilibrée. En choisissant soigneusement des espèces compatibles, vous pouvez recréer un écosystème miniature qui reflète la beauté et la diversité des récifs coralliens naturels. Ainsi, un récif corallien bien agencé avec des coraux durs de différentes formes et couleurs, des poissons nageant gracieusement entre les branches coralliennes et des crevettes s'affairant près du substrat, offre un spectacle à couper le souffle.

Il convient de noter que l'esthétique d'un aquarium marin dépend également de la santé et du bien-être des habitants marins. Des poissons et des coraux sains et heureux exhibent des couleurs éclatantes et des comportements dynamiques, ce qui ajoute encore plus de beauté à l'ensemble. C'est pourquoi il est essentiel de maintenir des conditions optimales dans l'aquarium, en contrôlant attentivement les paramètres de l'eau, en fournissant une alimentation appropriée et en offrant un environnement favorable à la croissance et au développement des espèces marines.

Les défis spécifiques de l'aquariophilie marine

Cependant, l'aquariophilie marine comporte également des défis spécifiques qui exigent un engagement et des connaissances approfondies. La complexité de l'écosystème marin en aquarium nécessite une compréhension précise des paramètres de l'eau, de la filtration et de la nutrition des habitants marins. Les besoins des poissons, des coraux et des autres espèces marines sont souvent plus exigeants et requièrent une surveillance et un entretien réguliers pour maintenir un équilibre écologique stable.

L'un des défis majeurs réside dans la gestion des relations entre les différentes espèces marines. Certaines espèces de poissons peuvent être territoriales ou agressives envers d'autres espèces, ce qui peut entraîner des conflits et un stress pour les habitants de l'aquarium. Il est important de sélectionner des espèces compatibles qui cohabitent harmonieusement, en évitant les combinaisons qui peuvent entraîner des agressions ou des comportements nuisibles.

La compatibilité entre les poissons et les coraux est également un aspect crucial à prendre en compte. Certains poissons peuvent endommager les coraux en les picorant ou en les utilisant comme supports pour leurs nageoires, ce qui peut entraîner des blessures et même la mort des coraux. Il est donc essentiel de choisir des espèces de poissons qui ne sont pas prédateurs ou destructrices pour les coraux.

Sans oublier que les poissons, les coraux et les invertébrés marins ont des besoins nutritionnels spécifiques qui doivent être satisfaits pour assurer leur croissance et leur santé. Un régime alimentaire varié et équilibré, composé d'aliments de qualité, d'aliments vivants ou congelés et, dans certains cas, d'aliments faits maison, est essentiel pour répondre à ces besoins spécifiques.

La gestion des paramètres de l'eau constitue également un défi constant. Les coraux et les autres habitants marins ont des exigences spécifiques en termes de température, de salinité, de pH et de dureté de l'eau. Maintenir ces paramètres dans des plages optimales peut nécessiter une surveillance régulière et des ajustements fréquents. Des variations importantes de ces paramètres peuvent entraîner un stress pour les habitants marins, voire leur mort. Il est donc essentiel d'utiliser des équipements de mesure fiables et de prendre les mesures nécessaires pour maintenir la stabilité des paramètres de l'eau.

Cela nous amène au défi que représente la gestion de la qualité de l'eau, notamment les questions liées à la filtration et à l'élimination des déchets. Les habitants marins produisent des déchets organiques qui doivent être éliminés efficacement pour éviter une détérioration de la qualité de l'eau. Les systèmes de filtration doivent être adaptés à l'aquarium marin et être en mesure d'éliminer les particules en suspension, les nitrates et autres substances indésirables. Un entretien régulier des filtres et des médias filtrants est nécessaire pour assurer une filtration efficace.

Enfin, la prévention et la gestion des problèmes d'algues et des nuisibles sont également des défis à relever. Les proliférations d'algues indésirables peuvent nuire à la santé des coraux et à l'esthétique de l'aquarium. Il est important de maintenir un équilibre écologique adéquat, en contrôlant les niveaux de nutriments et en introduisant des herbivores qui se nourrissent des algues. De même, certains nuisibles tels que les escargots, les vers ou les parasites peuvent menacer la santé des habitants marins. Il est donc essentiel de mettre en place des stratégies de prévention et de traitement pour maintenir un environnement sain.

Malgré ces défis, l'aquariophilie marine est une passion gratifiante qui offre de nombreuses récompenses. En investissant du temps, des efforts et des ressources dans l'apprentissage et la mise en pratique des bonnes techniques, il est possible de créer et de maintenir un magnifique aquarium marin prospère.

Les compétences et les connaissances pour réussir

L'aquariophilie marine est une passion fascinante, mais elle nécessite certaines compétences et connaissances pour réussir. Tout au long de ce livre, nous allons explorer les différents aspects de l'aquariophilie marine, depuis les fondamentaux de l'écosystème marin en aquarium jusqu'à la gestion avancée et les défis spécifiques. Pour être un aquariophile marin accompli, voici quelques compétences et connaissances clés à acquérir :

- Les paramètres de l'eau, tels que la température, la salinité, le pH et la dureté, sont cruciaux pour la santé des habitants marins. Il est essentiel de comprendre ces paramètres, d'apprendre à les mesurer avec précision et de savoir comment les ajuster si nécessaire.

- Chaque espèce marine a des exigences spécifiques en termes d'habitat, de comportement, de régime alimentaire et de compatibilité avec d'autres espèces. Il est important de se renseigner sur les différentes espèces avant de les intégrer à votre aquarium. Dans la partie 3, nous aurons l'occasion d'en savoir plus sur les espèces marines populaires et leur maintenance.

- Les besoins nutritionnels des poissons, des coraux et des autres habitants marins diffèrent. Il est important de comprendre quels aliments conviennent à chaque espèce, de connaître les différentes options d'aliments disponibles et de savoir comment fournir une alimentation équilibrée et variée. La Partie 5 fournit des conseils pratiques sur l'alimentation et la nutrition des habitants marins.

- Un aquarium marin est un écosystème complexe où chaque élément est interconnecté. Il est crucial de comprendre les interactions entre les poissons, les coraux, les invertébrés et les paramètres de l'eau, et de savoir comment maintenir un équilibre écologique sain.

- La gestion efficace de l'aquarium nécessite des compétences en matière de maintenance régulière, de suivi des paramètres de l'eau, de contrôle des algues et de gestion des nuisibles. Vous devrez également acquérir des compétences pratiques telles que l'*aquascaping*, la planification du temps d'entretien et la documentation des observations.

En développant ces compétences et en acquérant ces connaissances, vous serez bien équipé pour réussir en aquariophilie marine. N'oubliez pas que l'apprentissage est un processus continu et qu'il est important de rester curieux, de se tenir au courant des dernières avancées et de partager des connaissances avec d'autres passionnés d'aquariophilie marine.

2. L'équilibre écologique dans un aquarium marin

Qu'est-ce que l'équilibre écologique ?

Le concept d'équilibre écologique est fondamental en aquariophilie marine, car il assure la santé et le bien-être des habitants de l'aquarium. L'équilibre écologique se réfère à la stabilité des différents éléments de l'écosystème marin, y compris les paramètres de l'eau, la vie microbienne, les plantes, les coraux et les habitants marins. Dans cette partie, nous explorerons l'importance de maintenir un équilibre écologique dans votre aquarium marin et les conséquences d'un déséquilibre sur la santé des habitants.

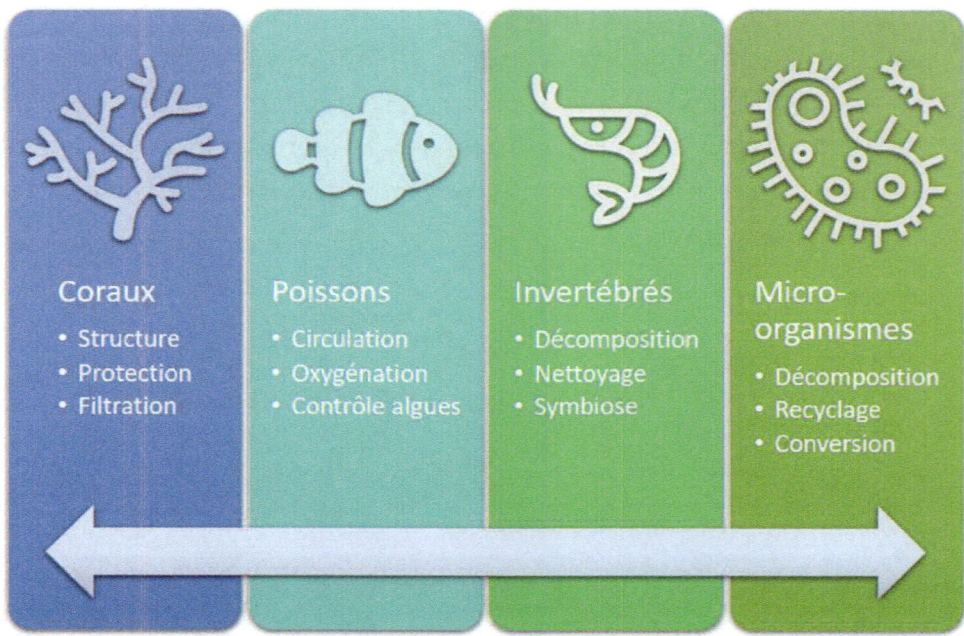

L'équilibre écologique repose sur l'interdépendance des différents éléments de l'aquarium marin. Des coraux aux poissons en passant par les invertébrés et les microorganismes, chaque élément joue un rôle crucial et contribue à la stabilité de l'ensemble de l'aquarium.

D'une manière plus concrète, prenons l'exemple des coraux. Ces derniers fournissent un habitat complexe et diversifié pour de nombreuses espèces marines. Les coraux durs, par exemple, créent des structures solides et robustes où les poissons peuvent se cacher et se nourrir. Les coraux mous, quant à eux, offrent une protection aux juvéniles et abritent des invertébrés symbiotiques. De plus, les coraux sont des filtreurs actifs, ce qui signifie qu'ils jouent un rôle crucial dans la purification de l'eau en éliminant les déchets organiques et en absorbant les nutriments dissous.

Les poissons marins ont également un impact significatif sur l'équilibre de l'aquarium. Ils aident à la circulation de l'eau en nageant à travers les différentes couches de l'aquarium, ce qui favorise l'oxygénation de l'eau et le brassage des nutriments. Certains poissons, comme les chirurgiens ou les labres, se nourrissent d'algues, contribuant ainsi à limiter leur croissance excessive. D'autres poissons, tels que les gobies, peuvent même établir des relations symbiotiques avec des crevettes nettoyeuses, formant ainsi une coopération mutuellement bénéfique.

Les invertébrés, tels que les crevettes, les crabes, les étoiles de mer et les oursins, jouent également un rôle crucial dans l'écosystème marin de l'aquarium. Ils participent à la décomposition des déchets organiques, nettoient les restes de nourriture et les algues, et contribuent à maintenir un environnement propre et sain pour tous les habitants. Certains invertébrés, comme les coraux symbiotiques, établissent des relations étroites avec des algues unicellulaires appelées zooxanthelles, qui les aident à obtenir des nutriments par photosynthèse.

Enfin, les microorganismes, tels que les bactéries bénéfiques, jouent un rôle essentiel dans l'écosystème marin de l'aquarium. Les bactéries décomposent les déchets organiques en substances moins toxiques, recyclent les nutriments et contribuent à maintenir des conditions chimiques stables. Elles jouent un rôle clé dans le cycle de l'azote en convertissant l'ammoniac en nitrites puis en nitrates moins toxiques.

Lorsque l'équilibre écologique est perturbé, les habitants marins peuvent souffrir de problèmes de santé. Un déséquilibre peut entraîner une accumulation de déchets toxiques, une diminution de l'oxygène dissous ou une augmentation des niveaux de nitrates, de phosphates et d'autres composés indésirables. Ces conditions peuvent affaiblir les coraux, provoquer des maladies chez les poissons et les invertébrés, et favoriser la prolifération d'algues nuisibles.

Pour maintenir un équilibre écologique sain, il est essentiel de surveiller régulièrement les paramètres de l'eau tels que la température, la salinité, le pH et la dureté. Vous trouverez des informations détaillées sur les méthodes de mesure et d'ajustement de ces paramètres dans la partie 4 de ce livre. Il est également important de maintenir une filtration efficace en utilisant les systèmes de filtration appropriés et en entretenant régulièrement les filtres et les médias filtrants.

Les stratégies pour maintenir un équilibre écologique dans votre aquarium marin peuvent inclure l'utilisation de roches vivantes, qui fournissent une surface de colonisation pour les bactéries bénéfiques et abritent une diversité d'organismes marins. Les coraux jouent également un rôle clé dans l'équilibre écologique en filtrant l'eau et en fournissant un abri pour les poissons et les invertébrés.

En maintenant un équilibre écologique dans votre aquarium marin, vous favoriserez la santé et la vitalité de vos habitants marins. Non seulement cela contribuera au bien-être de vos coraux, poissons et invertébrés.

Les conséquences d'un déséquilibre non maîtrisé

Les conséquences d'un déséquilibre écologique dans un aquarium marin peuvent avoir un impact significatif sur la santé et le bien-être des habitants marins. Lorsque l'équilibre écologique est perturbé, plusieurs problèmes peuvent survenir, compromettant la stabilité de l'aquarium.

Tout d'abord, un déséquilibre écologique peut entraîner une détérioration de la qualité de l'eau. Des niveaux élevés de déchets organiques, tels que les excès de nourriture non consommée et les matières fécales, peuvent entraîner une augmentation de la concentration d'ammoniac, de nitrites et de nitrates dans l'eau. Ces substances toxiques peuvent causer des problèmes de santé chez les habitants marins, tels que des brûlures des branchies, un affaiblissement du système immunitaire et des troubles de la reproduction.

De plus, un déséquilibre écologique peut favoriser la prolifération d'algues indésirables. Lorsque les niveaux de nutriments, tels que les nitrates et les phosphates, deviennent trop élevés, les algues peuvent se développer rapidement et recouvrir les surfaces des coraux et des roches vivantes. Cela peut étouffer les coraux, bloquer la lumière nécessaire à la photosynthèse et perturber la croissance et la santé des autres habitants marins.

Un autre problème courant lié à un déséquilibre écologique est l'apparition de maladies. Lorsque les conditions de l'eau ne sont pas optimales, les habitants marins deviennent plus vulnérables aux infections et aux maladies. Par exemple, un environnement stressant avec des fluctuations extrêmes de température, une salinité inadaptée ou un pH déséquilibré peut affaiblir le système immunitaire des poissons et les rendre plus susceptibles aux infections bactériennes, fongiques ou parasitaires.

Enfin, un déséquilibre écologique peut entraîner des conflits entre les habitants marins. Certains poissons peuvent devenir agressifs en raison d'un territoire insuffisant, d'une compétition pour la nourriture ou de relations hiérarchiques. Les coraux peuvent également se concurrencer pour l'espace et la lumière, ce qui peut entraîner des blessures et une croissance anormale.

Les stratégies pour maintenir un équilibre écologique

Maintenir un équilibre écologique sain dans un aquarium marin est crucial pour assurer la santé et le bien-être des habitants marins. Cela nécessite la mise en place de différentes stratégies qui visent à prévenir les déséquilibres écologiques et à promouvoir un environnement harmonieux.

Une première stratégie consiste à surveiller régulièrement les paramètres de l'eau tels que la température, la salinité, le pH et les niveaux de nutriments. Un contrôle attentif de ces facteurs clés permet de détecter rapidement les variations indésirables et de prendre les mesures correctives nécessaires. Des kits de test et des appareils de surveillance sont disponibles pour faciliter cette tâche. En documentant les résultats de vos tests dans un journal d'observation, vous pourrez également suivre les tendances et les changements au fil du temps.

Une autre stratégie essentielle consiste à mettre en place un système de filtration approprié. Différents types de systèmes de filtration, tels que les filtres mécaniques, biologiques et chimiques, jouent un rôle clé dans l'élimination des déchets et des substances toxiques de l'eau. Veillez à choisir un système de filtration adapté à la taille de votre aquarium et à le maintenir régulièrement. Cela comprend le nettoyage des médias filtrants, le remplacement des cartouches filtrantes et la surveillance de l'efficacité du système.

La gestion des changements d'eau réguliers est également cruciale pour maintenir un équilibre écologique. Les changements d'eau permettent de diluer les substances toxiques accumulées dans l'aquarium et de rétablir les niveaux optimaux de nutriments. Il est recommandé de remplacer environ 10 à 20% de l'eau de l'aquarium chaque semaine. Lors du remplacement de l'eau, assurez-vous d'utiliser de l'eau de mer de qualité, préparée avec des sels marins appropriés.

En plus de la surveillance des paramètres de l'eau et de la gestion des changements d'eau, il est important de veiller à une alimentation équilibrée et adaptée aux besoins des habitants marins. Une alimentation variée, comprenant des aliments de haute qualité, des aliments vivants et congelés, ainsi que des aliments faits maison, permet d'apporter tous les nutriments nécessaires aux poissons, aux coraux et aux autres habitants marins. Veillez à ne pas suralimenter l'aquarium, car cela peut entraîner une accumulation de déchets et des déséquilibres chimiques.

De plus, maintenir une bonne hygiène dans l'aquarium est essentiel pour prévenir les déséquilibres écologiques. Éliminez régulièrement les débris et les excès de nourriture non consommée, nettoyez les parois de l'aquarium et retirez les algues indésirables. Cependant, soyez prudent lors du nettoyage pour ne pas perturber l'équilibre biologique de l'aquarium.

Enfin, la sélection et la gestion des espèces marines doivent également être prises en compte pour maintenir un équilibre écologique. Certaines espèces de poissons, de coraux et d'invertébrés peuvent être plus agressives ou territoriales, ce qui peut entraîner des conflits et des déséquilibres. Il est important de choisir des espèces compatibles et de surveiller attentivement leur comportement. Si des problèmes d'agression surviennent, des mesures appropriées doivent être prises, comme la réorganisation de l'aquarium ou la séparation des individus agressifs.

En intégrant ces stratégies dans votre pratique d'aquariophilie marine, vous favoriserez un équilibre écologique stable et harmonieux dans votre aquarium. Cela offrira à vos habitants marins un environnement sain, propice à leur bien-être et à leur épanouissement.

Partie 2 : Préparation et installation de votre aquarium marin

1. L'emplacement idéal pour votre aquarium

Considérations liées à la stabilité et à la sécurité

Lorsque vous choisissez l'emplacement pour votre aquarium marin, il est essentiel de prendre en compte plusieurs considérations liées à la stabilité et à la sécurité de l'environnement. Un emplacement bien choisi garantira la stabilité de l'aquarium et contribuera à maintenir un équilibre écologique optimal.

L'un des facteurs clés à prendre en compte est la stabilité structurelle de la surface sur laquelle reposera l'aquarium. Assurez-vous que le support ou le meuble sur lequel vous placez l'aquarium est suffisamment solide et stable pour supporter le poids total de l'aquarium, de l'eau, du matériel et des éléments décoratifs. La structure doit être capable de résister à toutes les contraintes exercées sur l'aquarium, notamment lors des mouvements de l'eau, du déplacement des poissons et de l'ajout de matériel supplémentaire.

Rappelez-vous, dans la première partie de ce livre, lorsque nous avions abordé les différences entre l'eau douce et l'eau de mer, nous avions vu que l'eau de mer est plus notablement plus lourde que l'eau douce en raison de sa salinité plus élevée. Par conséquent, l'emplacement choisi doit être capable de supporter cette charge supplémentaire sans risque de déformation ou d'instabilité.

En cas de doute sur la capacité de la dalle à soutenir le poids de l'aquarium, il est fortement recommandé de consulter un professionnel, tel qu'un ingénieur ou un spécialiste en construction. Ils pourront évaluer la solidité de la structure et vous conseiller sur les précautions à prendre pour assurer la sécurité de votre aquarium.

La sécurité de l'aquarium est également un aspect important à considérer. Assurez-vous qu'il est hors de portée des enfants et des animaux domestiques pour éviter tout accident potentiel. Un couvercle solide et sécurisé peut être utilisé pour empêcher les sauts ou les chutes accidentelles des habitants marins, tout en réduisant le risque de contamination de l'eau.

En outre, prenez en compte l'accessibilité de l'aquarium pour faciliter l'entretien régulier et les interventions nécessaires. Vous aurez besoin d'espace pour effectuer des tâches telles que le nettoyage du verre de l'aquarium, l'entretien des équipements et les changements d'eau. Assurez-vous que l'emplacement choisi permet un accès facile à toutes les parties de l'aquarium.

Pour finir, assurez-vous que l'emplacement choisi est à l'abri des vibrations, des secousses et des sources de chaleur importantes, car comme nous le verrons juste après, il s'agit d'éléments pouvant impacter de manière significative le bon équilibre de votre bac.

L'influence de la lumière naturelle et artificielle

Comme nous venons de le voir, la lumière joue un rôle crucial dans l'aquariophilie marine, car elle influence directement la croissance et la santé des coraux, des plantes et d'autres habitants marins.

La lumière naturelle apporte de nombreux avantages à un aquarium marin. Elle est riche en spectre lumineux et peut contribuer à la croissance et à la coloration des coraux et des plantes. Les rayons du soleil stimulent la photosynthèse des zooxanthelles, les algues symbiotiques présentes dans les coraux, qui fournissent une grande partie de leur énergie. En intégrant judicieusement votre aquarium à la lumière naturelle, vous pouvez créer un environnement plus naturel et favoriser une croissance saine.

Cependant, il est important de contrôler l'intensité et la durée de la lumière naturelle. Une exposition excessive à la lumière directe du soleil peut entraîner une augmentation rapide de la température de l'eau, ce qui peut stresser et endommager les habitants marins. De plus, une trop grande intensité lumineuse peut favoriser la prolifération d'algues indésirables, ce qui peut nuire à l'équilibre de votre aquarium. Il est donc essentiel d'utiliser des rideaux, des stores ou des dispositifs de filtrage pour réguler l'intensité de la lumière naturelle.

Pour compléter la lumière naturelle ou en l'absence de celle-ci, l'éclairage artificiel est une solution essentielle dans l'aquariophilie marine. Les systèmes d'éclairage spécialement conçus pour les aquariums marins offrent un contrôle précis sur le spectre lumineux, l'intensité et la durée de l'éclairage. Cela vous permet de recréer les conditions optimales pour la croissance des coraux et des plantes.

Différents types d'éclairage sont disponibles sur le marché, tels que les lampes LED, les lampes fluorescentes et les lampes à décharge. Les lampes LED sont de plus en plus populaires en raison de leur efficacité énergétique, de leur longue durée de vie et de leur possibilité de personnalisation du spectre lumineux. Elles offrent également un meilleur contrôle de la chaleur générée par l'éclairage, ce qui réduit les risques de surchauffe de l'aquarium.

Lors du choix de l'éclairage artificiel, il est important de considérer les besoins spécifiques de vos coraux et de vos habitants marins. Certains coraux ont besoin d'une lumière plus intense, tandis que d'autres préfèrent une intensité plus modérée. La lecture des informations sur les besoins en éclairage des espèces que vous souhaitez maintenir dans votre aquarium vous aidera à sélectionner le système d'éclairage adapté.

Il est également important de créer des cycles d'éclairage appropriés pour simuler les conditions naturelles. Par exemple, un cycle d'éclairage diurne et nocturne permet de reproduire les variations lumineuses que les coraux et les poissons rencontrent dans leur environnement naturel. La durée d'éclairage recommandée varie selon les espèces, mais généralement, un cycle de 8 à 10 heures d'éclairage par jour est recommandé.

Éloignement des sources de chaleur et des courants d'air

Lors du choix de l'emplacement, il est également important de prendre en compte certains facteurs, tels que l'éloignement des sources de chaleur et des courants d'air, afin de maintenir des conditions optimales dans votre aquarium.

Les sources de chaleur peuvent avoir un impact significatif sur la température de l'eau de votre aquarium. Une augmentation excessive de la température peut entraîner un stress pour les habitants marins et compromettre leur santé. Par conséquent, il est préférable d'éloigner votre aquarium des appareils électroménagers, des radiateurs, des fenêtres exposées directement au soleil ou de tout autre élément susceptible de générer de la chaleur. Veillez également à ne pas placer votre aquarium à proximité d'une sortie de climatisation ou de chauffage, car cela peut provoquer des variations brusques de température.

Les courants d'air peuvent également être néfastes pour votre aquarium marin. Ces derniers peuvent augmenter l'évaporation de l'eau de mer, entraînant une augmentation de la salinité, ce qui peut être nocif pour les habitants marins.

Une bonne pratique consiste à placer votre aquarium dans une pièce où la température est stable et où il y a peu de variations de courants d'air. Par exemple, une pièce située à l'écart des fenêtres ou des portes extérieures peut être un choix judicieux. De plus, vous pouvez envisager d'utiliser des dispositifs de protection, tels que des couvercles, pour réduire l'exposition directe aux courants d'air.

Il est également important de noter que la ventilation de votre aquarium est essentielle pour maintenir une bonne qualité de l'eau. L'installation d'un système de ventilation adéquat, comme un aérateur ou un ventilateur, peut aider à maintenir un échange d'oxygène suffisant et à réduire les accumulations de dioxyde de carbone. Assurez-vous de choisir un système de ventilation adapté à la taille de votre aquarium et de le positionner de manière à éviter les courants d'air directs.

Éviter les zones sujettes aux vibrations ou aux bruits

Un autre élément important à prendre en compte lorsque vous choisissez l'emplacement pour votre aquarium marin, c'est d'éviter les zones sujettes aux vibrations ou aux bruits. Les vibrations peuvent perturber l'équilibre délicat de votre aquarium et avoir des effets négatifs sur la santé de vos habitants marins. De plus, les bruits forts peuvent causer du stress aux poissons et aux coraux, compromettant ainsi leur bien-être général.

Les vibrations peuvent provenir de diverses sources, telles que les appareils électriques à proximité, les systèmes de chauffage ou de climatisation mal isolés, ou même le trafic extérieur. Il est important de prendre en compte ces facteurs lors du choix de l'emplacement de votre aquarium marin.

Une bonne pratique consiste à installer votre aquarium sur une surface stable et solide, comme un support spécialement conçu pour les aquariums. Assurez-vous que le support est de qualité et qu'il peut supporter le poids de l'aquarium rempli d'eau.

De plus, vous devriez éviter de placer votre aquarium à proximité d'appareils électriques bruyants tels que les téléviseurs, les systèmes de divertissement ou les haut-parleurs puissants. Les vibrations générées par ces appareils peuvent se propager à travers l'eau de l'aquarium, ce qui peut causer du stress et des perturbations aux habitants marins.

Les bruits forts peuvent également avoir un impact négatif sur votre aquarium marin. Par exemple, si vous placez votre aquarium à proximité d'une pièce bruyante, comme une salle de jeux où des enfants jouent régulièrement, les bruits excessifs peuvent perturber le comportement naturel des poissons et des coraux. Ils peuvent devenir stressés et moins actifs, ce qui peut compromettre leur santé globale.

Une comparaison possible serait de considérer votre aquarium comme une oasis de tranquillité et de calme pour vos habitants marins. Comme les poissons et les coraux évoluent dans un environnement sous-marin où les vibrations et les bruits sont généralement atténués, il est important de recréer un environnement paisible pour eux dans votre aquarium.

Pour garantir une tranquillité maximale, vous pouvez envisager de placer votre aquarium dans une pièce calme de la maison, loin des sources de bruit potentielles. Évitez les pièces où des activités bruyantes ont lieu fréquemment, comme la salle de jeux ou la salle de télévision.

Choix de la pièce idéale

Lorsque vous sélectionnez la pièce où vous installerez votre aquarium marin, il est important de prendre en considération différents facteurs pour garantir les meilleures conditions possibles. Certains choix peuvent favoriser le succès de votre expérience aquariophile, tandis que d'autres peuvent entraîner des problèmes et des complications.

Une bonne idée est de choisir une pièce où vous passez beaucoup de temps, comme le salon ou une pièce de vie principale. Cela vous permettra de profiter pleinement de votre aquarium marin et d'admirer la beauté de vos habitants marins à tout moment. De plus, une pièce fréquemment occupée contribuera à maintenir une certaine stabilité de la température et à réduire les fluctuations environnementales.

Une autre bonne idée est de choisir une pièce avec un éclairage naturel suffisant, mais contrôlable. La lumière naturelle peut ajouter une touche esthétique à votre aquarium et stimuler la croissance des coraux, mais il est important de pouvoir réguler l'intensité et la durée de l'éclairage pour éviter les problèmes d'algues indésirables. Les fenêtres équipées de rideaux ou de stores ajustables peuvent vous offrir un meilleur contrôle sur la lumière naturelle qui pénètre dans la pièce.

Cependant, certaines idées peuvent s'avérer moins favorables. Évitez de placer votre aquarium dans une pièce sujette à des variations extrêmes de température, comme une buanderie ou un garage non isolé. Nous le savons maintenant, les températures fluctuantes peuvent perturber l'équilibre thermique de l'aquarium et entraîner des stress pour les habitants marins.

Il est également déconseillé de placer l'aquarium dans une pièce où des produits chimiques potentiellement nocifs sont utilisés fréquemment, comme une cuisine où des aérosols de cuisson sont utilisés ou une pièce où des produits chimiques de nettoyage sont stockés. Les produits chimiques peuvent se disperser dans l'air et se déposer sur la surface de l'aquarium, contaminant ainsi l'eau et mettant en danger la santé des habitants marins.

Maintenant que vous savez dans quelle pièce et à quel endroit vous souhaitez placer votre bac marin, explorons la prochaine partie du processus de sa préparation et de son installation : le choix de la taille et du type d'aquarium adaptés aux espèces marines.

2. Taille et type d'aquarium adaptés aux espèces marines

Les exigences de taille pour différentes espèces marines

La taille de l'aquarium est un facteur crucial dans l'aquariophilie marine, car elle détermine la quantité d'espace disponible pour les habitants et influence leur bien-être et leur croissance. Différentes espèces marines ont des exigences spécifiques en termes d'espace, de comportement et de territorialité. Il est essentiel de prendre en compte ces exigences lors du choix de la taille de votre aquarium marin.

Lorsque vous envisagez d'accueillir des poissons marins, il est important de tenir compte de la taille adulte qu'ils atteindront à l'âge adulte. Certains poissons ont besoin d'un espace de nage plus grand, tandis que d'autres peuvent s'épanouir dans des aquariums plus petits. Par exemple, les poissons-clowns, comme le célèbre Némo, sont relativement petits et peuvent être maintenus dans un aquarium d'environ 75 litres. D'autres espèces comme le poisson-ange empereur nécessitent quant à eux un aquarium beaucoup plus grand, d'au moins 500 litres, en raison de leur taille adulte plus imposante.

En plus de la taille des poissons, il est essentiel de considérer les besoins spatiaux des coraux. Les coraux sont des animaux coloniaux qui se développent et se propagent en formant des structures calcaires complexes appelées polypes. Certains coraux, comme les coraux peuvent s'épanouir dans des aquariums de petite à moyenne taille, tandis que d'autres nécessitent des aquariums plus grands en raison de leur croissance rapide et de leur besoin d'espace pour se développer.

Lorsque vous choisissez la taille de votre aquarium, prenez également en considération la capacité de maintenance et d'entretien que vous pouvez assurer. Un aquarium plus grand nécessitera généralement un investissement plus important en termes de temps, d'énergie et de ressources pour le maintenir en bon état. Assurez-vous de pouvoir consacrer suffisamment de temps à l'entretien régulier de votre aquarium, y compris les changements d'eau, le nettoyage des équipements et la surveillance des paramètres de l'eau.

Paradoxalement, il faut également considérer qu'un bac trop petit peut être plus complexe à maintenir qu'un bac plus grand. Il est souvent tentant de choisir un aquarium plus petit en raison de contraintes d'espace ou de budget, mais il est important de considérer les implications de cette décision. Un aquarium de petite taille peut présenter des défis supplémentaires en termes de stabilité des paramètres de l'eau, de maintenance et de gestion de l'équilibre écologique.

En effet, plus l'aquarium est petit et plus celui-ci sera impacté par les fluctuations des paramètres de l'eau, lesquelles pourront alors être plus rapides et plus prononcées. La concentration de déchets, de nitrates et d'autres substances indésirables peut augmenter plus rapidement, ce qui peut entraîner une dégradation de la qualité de l'eau et des problèmes de santé pour les habitants marins.

Un aquarium plus petit peut sembler plus facile à entretenir, mais en réalité, il peut nécessiter des ajustements plus fréquents et une surveillance plus étroite des paramètres de l'eau.

Il est donc essentiel de trouver un équilibre entre la taille de l'aquarium, les besoins des habitants marins et vos capacités à maintenir un environnement sain. Si vous envisagez un aquarium de petite taille, assurez-vous d'effectuer des recherches approfondies sur les espèces spécifiques que vous souhaitez maintenir et de comprendre les exigences particulières associées à leur bien-être. Si vous avez des doutes ou des questions, n'hésitez pas à consulter un professionnel de l'aquariophilie pour obtenir des conseils personnalisés.

Pour toutes ces raisons, en tant que débutant, il est recommandé de commencer par un aquarium d'une capacité d'environ 100 à 200 litres. Cela offre un bon équilibre entre la taille appropriée pour de nombreuses espèces marines populaires et la gestion relativement aisée de l'environnement.

Avantages des aquariums en verre ou acrylique

Maintenant que vous vous êtes fixé sur la taille idéale de votre futur bac d'eau de mer, il est temps de choisir la matière de celui-ci.

En effet, deux choix de matériaux s'offrent à vous : le verre et l'acrylique. Chacun de ces matériaux présente des avantages spécifiques, et il est important de les comprendre pour prendre une décision éclairée.

Les aquariums en verre sont populaires depuis longtemps et sont appréciés pour leur durabilité et leur clarté optique. Le verre est un matériau solide qui ne se déforme pas et résiste bien aux rayures. Il offre une vue claire de l'intérieur de l'aquarium, permettant ainsi d'admirer pleinement la beauté des poissons et des coraux. De plus, le verre est un matériau non poreux, ce qui rend le nettoyage de l'aquarium plus facile et moins susceptible de retenir les bactéries ou les algues.

L'acrylique, quant à lui, est un matériau transparent et plus léger que le verre. Il est également très résistant aux chocs et aux fissures, ce qui en fait une option intéressante pour les aquariums de grande taille. L'acrylique offre une excellente transmission de la lumière, permettant une meilleure pénétration de la lumière dans l'aquarium et favorisant ainsi la croissance des coraux et des plantes. De plus, l'acrylique offre la possibilité de créer des formes et des designs plus complexes grâce à sa flexibilité.

Chaque matériau présente également quelques considérations spécifiques à prendre en compte. Les aquariums en verre peuvent être plus sujets aux éraflures, bien que celles-ci puissent être minimisées en utilisant des tampons de nettoyage appropriés. Les aquariums en acrylique, quant à eux, peuvent se rayer plus facilement, mais ces rayures peuvent souvent être réparées ou polies pour retrouver la clarté d'origine.

Il est important de noter que les aquariums en acrylique peuvent être plus coûteux que les aquariums en verre, en raison de la complexité de leur fabrication et de leur traitement spécial pour éviter les rayures. Cependant, le choix entre le verre et l'acrylique dépendra de vos préférences personnelles, de la taille de l'aquarium que vous envisagez et de votre budget.

Pour choisir entre un aquarium en verre ou en acrylique, vous pouvez prendre en compte les facteurs suivants :

1. <u>Taille de l'aquarium</u> : Les aquariums en acrylique sont souvent recommandés pour les grands aquariums en raison de leur légèreté et de leur résistance aux fissures.

2. <u>Clarté optique</u> : Si vous souhaitez une vue cristalline de l'intérieur de votre aquarium, les aquariums en verre peuvent offrir une meilleure clarté optique.

3. <u>Design et formes</u> : Si vous souhaitez un design plus créatif et des formes uniques, les aquariums en acrylique offrent une plus grande flexibilité pour réaliser des configurations spéciales.

4. <u>Budget</u> : Les aquariums en acrylique sont généralement plus coûteux que les aquariums en verre, il est donc important de prendre en compte votre budget.

En fin de compte, le choix entre un aquarium en verre ou en acrylique dépendra de vos préférences esthétiques, de la taille de votre aquarium et de votre budget. Quel que soit le matériau choisi, assurez-vous de sélectionner un aquarium de haute qualité pour offrir un environnement sûr et durable à vos habitants marins.

Formes et designs

Lorsque vous choisissez un aquarium marin, la forme et le design de celui-ci peuvent jouer un rôle crucial dans la création d'un environnement adapté aux espèces que vous souhaitez héberger. Différentes formes et configurations offrent des avantages spécifiques pour la santé et le bien-être des poissons, des coraux et d'autres habitants marins.

1. <u>Aquariums rectangulaires</u> : Les aquariums rectangulaires sont les plus couramment utilisés en aquariophilie marine. Leur forme rectangulaire permet une distribution uniforme de l'éclairage et de la circulation de l'eau, ce qui favorise la croissance équilibrée des coraux et crée un environnement confortable pour les poissons. De plus, leur grande surface de contact avec l'air facilite les échanges gazeux, contribuant ainsi à maintenir des niveaux d'oxygène appropriés dans l'eau.

2. <u>Aquariums en forme de L ou de coin</u> : Les aquariums en forme de L ou de coin offrent un design intéressant qui permet de

maximiser l'utilisation de l'espace disponible dans une pièce. Ils peuvent être placés dans un coin pour optimiser l'esthétique de l'aquarium tout en créant un flux d'eau plus fluide et moins turbulent. Cette configuration peut être bénéfique pour les espèces marines qui préfèrent des courants plus doux.

3. <u>Aquariums cylindriques ou ronds</u> : Les aquariums cylindriques ou ronds sont esthétiquement attrayants et offrent une vue panoramique à 360 degrés de l'aquarium. Ils sont souvent utilisés pour mettre en valeur des espèces spécifiques, telles que les méduses ou les coraux ramifiés, qui peuvent créer de superbes effets visuels dans un espace circulaire. Cependant, il convient de noter que ces formes peuvent présenter des défis en termes de circulation de l'eau et de distribution de la lumière, nécessitant une attention particulière lors de la conception de l'aquarium.

4. <u>Nanoaquariums</u> : Les nanoaquariums sont de petits aquariums compacts, souvent de moins de 20 litres, qui sont idéaux pour les espèces marines de petite taille. Ils peuvent être une option pratique pour les débutants ou pour ceux qui disposent d'un espace limité. Bien qu'ils nécessitent une gestion attentive des paramètres de l'eau en raison de leur petite taille, les nanoaquariums offrent des possibilités de créativité et de design, permettant la création de microécosystèmes marins captivants.

5. <u>Les shallows</u> : Les aquariums de type "shallows" sont une option de plus en plus populaire en aquariophilie marine. Ces aquariums sont caractérisés par une faible hauteur d'eau et une grande surface horizontale. Ils recréent l'aspect des lagons peu profonds et des récifs côtiers, offrant un environnement idéal pour les coraux, les poissons et les invertébrés qui habitent ces zones. En offrant une meilleure pénétration de la lumière, ils favorisent la croissance des coraux et créent un environnement plus proche de leur habitat naturel. En raison de leur faible hauteur d'eau, les aquariums de type "shallows" nécessitent généralement moins d'équipement en

termes de puissance de pompe et de système de filtration. Cela peut rendre la gestion de l'aquarium plus facile et moins coûteuse.

Lorsque vous choisissez la forme de votre aquarium, il est essentiel de prendre en compte les besoins spécifiques des espèces que vous souhaitez héberger. Certains poissons ou coraux nécessitent un espace de nage plus ouvert, tandis que d'autres préfèrent des zones abritées ou des roches pour se cacher. Vous devez également tenir compte de la taille adulte des espèces choisies, car elles nécessitent suffisamment d'espace pour se développer et s'épanouir.

En outre, l'aménagement paysager de l'aquarium est un aspect important du design. L'utilisation de roches vivantes, de coraux durs et mous, de substrats et d'éléments décoratifs tels que des grottes ou des récifs artificiels peut créer un environnement diversifié et naturel pour les habitants marins.

3. Équipement nécessaire pour un aquarium marin réussi

Systèmes de filtration : types et fonctionnement

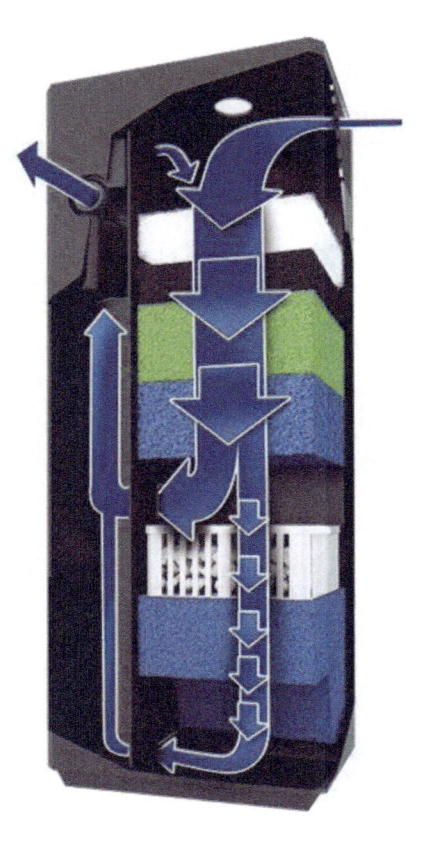

Dans cette partie, nous allons explorer l'un des éléments essentiels pour maintenir un environnement sain dans votre aquarium marin : les systèmes de filtration. La filtration joue un rôle crucial dans la qualité de l'eau et la santé des habitants marins, en éliminant les déchets et en maintenant des paramètres chimiques stables. Comprendre les différents types de systèmes de filtration et leur fonctionnement vous aidera à choisir celui qui convient le mieux à votre aquarium.

Lorsqu'il s'agit de systèmes de filtration, il existe plusieurs options disponibles, chacune ayant ses propres avantages et fonctionnalités. Voici un aperçu des principaux types de systèmes de filtration que vous pouvez utiliser :

1. Filtration biologique : La filtration biologique est cruciale pour maintenir un équilibre écologique dans votre aquarium marin. Elle repose sur des colonies de bactéries bénéfiques qui décomposent les déchets toxiques, tels que l'ammoniac et les nitrites, en nitrates moins nocifs. En aquariophilie marine, la filtration biologique est au cœur du processus de maintien de l'équilibre. Elle fait office de station d'épuration pour votre bac en se reposant essentiellement

sur l'utilisation de pierres vivantes, qui offrent une surface de colonisation optimale pour les bactéries. Il est également possible d'utiliser des médias filtrants spécialement conçus, tels que les billes en céramique ou les bioanneaux pour ajouter d'autres surfaces propices au développement des bactéries.

2. <u>Filtration mécanique</u> : Ce type de filtration est responsable de la capture des particules solides et des débris en suspension dans l'eau de votre aquarium. Il utilise généralement des médias filtrants tels que les mousses, les perlons ou les filets pour piéger les débris.

3. <u>Filtration chimique</u> : Ce type de filtration utilise d'autres types de médias filtrants spéciaux, tels que le charbon actif ou la résine, pour éliminer les substances indésirables de l'eau de votre aquarium. Ces médias peuvent adsorber les toxines, les métaux lourds et d'autres polluants chimiques, améliorant ainsi la qualité de l'eau. La filtration chimique est souvent utilisée pour éliminer les odeurs, les colorations indésirables et les médicaments résiduels.

4. <u>Écumeur</u> : Il est utilisé pour éliminer les substances organiques dissoutes dans l'eau, telles que les protéines et les déchets organiques. Il utilise une colonne remplie de bulles d'air pour capturer et éliminer ces substances, réduisant ainsi la charge organique de l'aquarium.

5. <u>Décantation</u> : La décantation est un élément optionnel, mais souvent utilisé dans les aquariums marins. Elle permet de séparer les particules solides et les débris lourds de l'eau en les laissant se déposer dans une chambre spécifique, ce qui facilite leur élimination ultérieure. La décantation peut être intégrée à votre système de filtration ou utilisée comme une unité distincte, le plus souvent placée dans le meuble supportant l'aquarium. Une pompe de remontée est alors nécessaire pour faire remonter l'eau dans le bac.

Il est important de noter que ces types de filtration ne sont pas mutuellement exclusifs, et de nombreux systèmes de filtration combinent plusieurs méthodes pour assurer une efficacité maximale. Par exemple, de nombreux filtres utilisent à la fois la filtration mécanique et biologique en combinant des mousses filtrantes avec des médias biologiques.

Pour choisir le système de filtration adapté à votre aquarium, vous devrez prendre en compte plusieurs facteurs, tels que la taille de votre aquarium, la charge biologique, la sensibilité des espèces marines que vous souhaitez maintenir, ainsi que votre budget et vos préférences personnelles.

Assurez-vous de sélectionner un système de filtration qui offre une capacité de traitement suffisante pour la taille de votre aquarium et qui peut gérer la charge biologique attendue. Un système surdimensionné peut être coûteux et consommer plus d'énergie, tandis qu'un système sous-dimensionné peut entraîner une accumulation de déchets et des déséquilibres chimiques.

N'oubliez pas que le système de filtration ne remplace pas les changements d'eau réguliers, qui restent essentiels pour maintenir des paramètres d'eau optimaux. La filtration agit comme un complément aux changements d'eau en éliminant les déchets quotidiens et en stabilisant les conditions de l'eau entre les changements.

Qu'est-ce qu'une décantation et est-elle indispensable ?

Lorsque vous vous préparez à installer votre aquarium marin, vous devrez prendre en compte différents équipements essentiels pour assurer la santé et le bien-être de vos habitants marins. L'un de ces équipements clés est la décantation.

La décantation est un composant important d'un système de filtration d'aquarium marin. Elle est conçue pour éliminer les déchets et les substances toxiques de l'eau, améliorant ainsi la qualité de l'environnement aquatique. Une décantation se compose généralement de plusieurs compartiments qui remplissent différentes fonctions et elle se trouve la plupart du temps positionnée en dessous du bac.

Il existe plusieurs types d'organisation d'une décantation, dont voici un exemple parmi les plus utilisés :

1. Le premier compartiment de la décantation, appelé compartiment de la préfiltration, est destiné à capturer les débris solides tels que les particules de nourriture non consommées, les excréments des poissons et les débris végétaux. Cela permet d'éviter que ces débris ne se décomposent dans l'aquarium, ce qui pourrait entraîner une augmentation des niveaux de nitrates et de phosphates indésirables.

2. Le deuxième compartiment, connu sous le nom de compartiment biologique, abrite des médias filtrants biologiques tels que des pierres vivantes et des bioballes. Ces médias offrent une surface où les bactéries bénéfiques peuvent se développer. Ces bactéries jouent un rôle crucial dans le cycle de l'azote, en décomposant les déchets toxiques tels que l'ammoniac et les nitrites en nitrates moins nocifs.

3. Enfin, le troisième compartiment, appelé compartiment de la réserve d'eau, agit comme un réservoir d'eau supplémentaire. Il

permet de compenser les fluctuations du niveau d'eau dans l'aquarium et de maintenir un niveau constant.

La décantation n'est pas absolument obligatoire dans tous les aquariums marins, mais elle présente de nombreux avantages. Elle contribue à maintenir une eau plus propre et plus claire, réduit les niveaux de nitrates et de phosphates, et favorise la stabilité des paramètres de l'eau. De plus, elle offre un espace supplémentaire pour l'ajout d'autres équipements tels que des chauffages, des écumeurs et des réacteurs chimiques.

Il est important de choisir une décantation adaptée à la taille de votre aquarium et aux besoins de vos habitants marins. Les dimensions et la capacité de la décantation doivent être en adéquation avec le volume total de votre système aquatique.

Il convient également de noter que certaines installations d'aquarium marin peuvent utiliser des alternatives à la décantation, comme les filtres à compartiments intégrés ou les systèmes de décantation. Ces options offrent également une filtration efficace, mais il est essentiel de comprendre leur fonctionnement spécifique et de les adapter aux besoins de votre aquarium.

Chauffage et refroidissement de l'eau

Maintenir une température appropriée dans votre aquarium marin est essentiel pour le bien-être de vos habitants marins. Différentes espèces marines ont des préférences de température spécifiques, et il est important de créer un environnement stable et confortable pour eux. Le chauffage et le refroidissement de l'eau sont des éléments clés de la gestion de la température de votre aquarium.

Le chauffage de l'eau est généralement nécessaire dans les aquariums marins, car la plupart des espèces marines proviennent de régions tropicales ou subtropicales où l'eau est plus chaude. Un chauffe-eau fiable et réglable est utilisé pour maintenir la température souhaitée dans votre aquarium. Il existe différents types de chauffe-eau sur le marché, le principal étant le type de chauffe-eau submersibles.

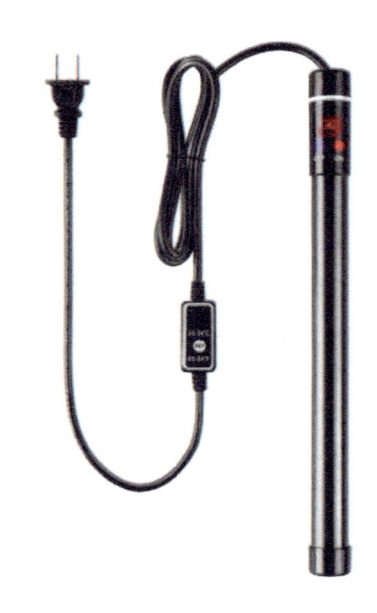

Lorsque vous sélectionnez un chauffe-eau, assurez-vous qu'il dispose d'un thermostat précis pour contrôler la température de l'eau. Référez-vous aux recommandations spécifiques des espèces marines que vous maintenez pour déterminer la plage de température idéale. Veillez également à installer un thermomètre fiable dans votre aquarium pour surveiller en permanence la température de l'eau et détecter tout écart.

Au moment du choix du chauffage, sélectionnez un modèle dont est d'environs 0,5 à un watt par litre d'eau. Il s'agit d'une règle générale à adapter en fonction de plusieurs facteurs, tels que la température ambiante de la pièce, la taille de l'aquarium, l'isolation du bac et les besoins spécifiques des habitants marins. Ainsi, si la température de la pièce est plus basse que la température souhaitée de l'eau de l'aquarium, il peut être nécessaire d'opter pour une puissance de chauffe-eau supérieure.

Pour les aquariums plus petits, une puissance de chauffe-eau de 0,5 watt par litre peut souvent suffire à maintenir une température stable. Par exemple, un aquarium de 100 litres nécessiterait un chauffe-eau d'environ

50 watts. Pour les aquariums plus grands, une puissance de chauffe-eau de un watt par litre peut être recommandée. Cela garantit une capacité de chauffage adéquate pour maintenir la température de l'eau, en particulier dans les environnements où la température ambiante est basse ou instable. Par exemple, un aquarium de 200 litres nécessiterait un chauffe-eau d'environ 200 watts.

Dans certains cas, vous pourriez avoir besoin de refroidir l'eau de votre aquarium, par exemple si la température ambiante est élevée ou si vous maintenez des espèces qui préfèrent des températures plus fraîches. Les systèmes de refroidissement utilisent des ventilateurs, des refroidisseurs ou des groupes froids pour réduire la température de l'eau. Il est important de choisir un système adapté à la taille de votre aquarium et de surveiller régulièrement la température pour éviter les variations extrêmes.

Il est essentiel de maintenir une température stable dans votre aquarium pour éviter le stress thermique et les fluctuations brusques de la température, qui peuvent être préjudiciables à la santé des habitants marins. Un chauffage et un refroidissement appropriés de l'eau vous permettent de recréer les conditions idéales pour vos espèces marines et de favoriser leur bien-être.

Éclairage adapté aux coraux et aux habitants marins

La partie consacrée à l'éclairage dans un aquarium marin joue un rôle crucial dans la santé et la croissance des coraux et des habitants marins. En tant que source de lumière artificielle, l'éclairage doit être soigneusement sélectionné pour répondre aux besoins spécifiques des organismes vivants dans l'aquarium.

Pour les coraux, l'éclairage est essentiel pour leur processus de photosynthèse, qui leur permet de produire des nutriments et de se développer. L'éclairage joue un rôle crucial dans la croissance et la coloration des coraux, et il est donc essentiel de choisir le bon type d'éclairage pour votre aquarium marin.

Outre les coraux, l'éclairage doit également prendre en compte les autres habitants marins de l'aquarium. Certains poissons et invertébrés marins ont des préférences spécifiques en termes d'intensité lumineuse et de cycle d'éclairage. Par exemple, certaines espèces de poissons préfèrent une lumière tamisée ou des zones d'ombre dans l'aquarium, tandis que d'autres ont besoin d'une lumière vive pour leur bien-être.

La durée d'éclairage recommandée pour un aquarium marin varie également en fonction des besoins des habitants marins. En général, un cycle d'éclairage de 8 à 10 heures par jour est couramment utilisé, imitant les cycles jour-nuit naturels. Cependant, il est important de se référer aux exigences spécifiques des espèces présentes dans l'aquarium et d'ajuster la durée d'éclairage en conséquence.

Pour éviter les problèmes d'algues indésirables, il est essentiel de gérer l'éclairage de manière appropriée. Une intensité lumineuse excessive ou une durée d'éclairage prolongée peuvent favoriser la croissance d'algues indésirables dans l'aquarium. Il est recommandé d'utiliser des minuteries pour automatiser le cycle d'éclairage et de consulter les paramètres de l'eau régulièrement pour détecter tout déséquilibre potentiel.

En termes de maintenance, il est important de nettoyer régulièrement les appareils d'éclairage pour éliminer les accumulations d'algues ou de dépôts qui pourraient obstruer la lumière. De plus, certains types d'éclairage nécessitent le remplacement périodique des ampoules pour garantir une performance optimale.

Sur le marché actuel, on constate que les éclairages LED sont devenus prédominants, remplaçant au fil des ans les autres types d'éclairage tels que les tubes fluorescents et les lampes au mercure halogène. Les éclairages LED présentent de nombreux avantages par rapport aux autres options disponibles.

1. Tout d'abord, les éclairages LED sont appréciés pour leur puissance et leur efficacité énergétique. Ils fournissent une intensité lumineuse élevée tout en consommant moins d'énergie par rapport aux autres types d'éclairage. Cela permet non seulement d'économiser sur les coûts énergétiques, mais aussi de réduire la chaleur générée, ce qui peut être crucial pour maintenir la stabilité de la température de l'eau dans votre aquarium.

2. De plus, les éclairages LED offrent une grande flexibilité en termes de spectre lumineux. Ils permettent de régler et d'ajuster facilement les différentes couleurs et intensités lumineuses pour créer l'environnement idéal pour vos coraux et autres habitants marins. Certains éclairages LED sont même dotés de fonctionnalités avancées, telles que des rampes programmables avec des cycles de lumière naturels et des effets d'éclairage spéciaux, offrant ainsi une expérience visuelle saisissante pour les visiteurs de votre restaurant.

3. Enfin, les éclairages LED sont durables et ont une longue durée de vie. Contrairement aux tubes fluorescents qui nécessitent un remplacement fréquent, les LED ont une durée de vie beaucoup plus longue, ce qui réduit les coûts de maintenance et les tracas liés aux remplacements fréquents.

Cependant, il convient de noter que certains aquariums plus anciens peuvent encore utiliser des types d'éclairage tels que les tubes fluorescents ou les lampes au mercure halogène. Ces systèmes d'éclairage peuvent être moins courants sur le marché actuel en raison de leurs inconvénients, tels que leur consommation énergétique plus élevée, leur chaleur excessive ou leur spectre lumineux limité. Cependant, si vous possédez un aquarium équipé de ces types d'éclairage, il est important de bien les entretenir et de les remplacer si nécessaire pour garantir un éclairage optimal pour vos coraux et habitants marins.

Outils de surveillance des paramètres

L'un des aspects essentiels de la gestion d'un aquarium marin est de surveiller régulièrement les paramètres de l'eau. Les conditions de l'eau dans votre aquarium, telles que la température, la salinité, le pH et les niveaux de nutriments, jouent un rôle crucial dans la santé et le bien-être de vos habitants marins. C'est pourquoi il est essentiel d'utiliser des contrôleurs de paramètres pour maintenir des conditions optimales dans votre aquarium.

Les contrôleurs de paramètres sont des dispositifs électroniques conçus pour mesurer et surveiller en continu les principaux paramètres de l'eau. Ils sont souvent équipés de capteurs et de sondes spécifiques qui fournissent des données précises sur les conditions de votre aquarium.

En utilisant des contrôleurs de paramètres, vous pouvez obtenir des données précises et en temps réel sur les conditions de votre aquarium marin. Cela vous permet de détecter rapidement les variations indésirables et de prendre des mesures correctives avant qu'elles ne nuisent à vos habitants marins. De nombreux contrôleurs de paramètres sont également dotés de fonctionnalités d'alerte qui vous avertissent en cas de dépassement des seuils prédéfinis, ce qui vous permet d'intervenir rapidement.

Il est important de noter que les contrôleurs de paramètres ne dispensent pas d'un contrôle manuel régulier des paramètres de l'eau à l'aide de kits de test. Ils sont plutôt complémentaires et offrent une surveillance continue pour une meilleure gestion de votre aquarium marin.

Choix de l'osmoseur

Si vous faites le choix de préparer vous-même votre propre eau de mer, vous aurez besoin d'un osmoseur. Il s'agit en effet d'un équipement essentiel dans la préparation de l'eau de mer pour votre aquarium marin qui permet de produire de l'eau osmosée, c'est-à-dire purifiée de la plupart des impuretés, des substances indésirables et des contaminants présents dans l'eau du robinet.

Dans le processus d'osmose, l'eau est poussée à travers une membrane semi-perméable, qui retient les particules et les ions indésirables, laissant passer uniquement l'eau pure. Cela permet d'obtenir une eau de haute qualité, proche de celle que l'on trouve naturellement dans les environnements marins.

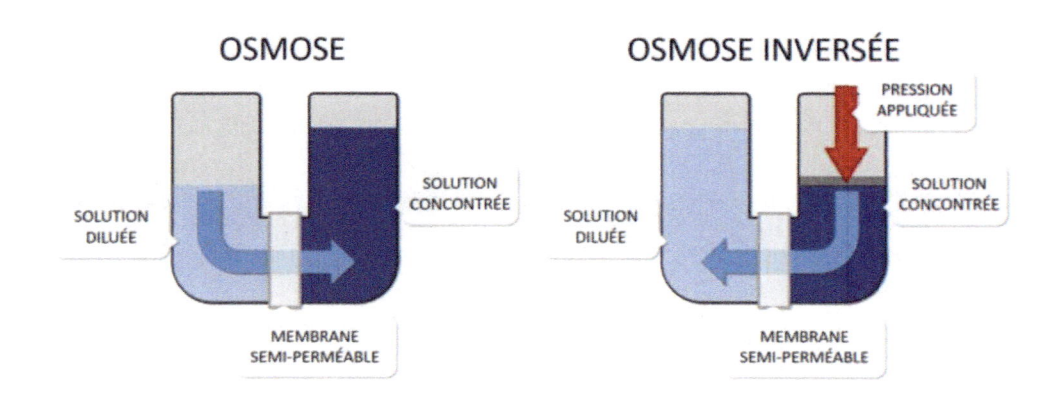

Pour utiliser un osmoseur, vous devrez le raccorder à une source d'eau, généralement un robinet, et suivre les instructions spécifiques fournies avec l'appareil pour son bon fonctionnement. Certains osmoseurs sont équipés d'une pompe de pression pour faciliter le processus d'osmose inverse.

Une fois que l'osmoseur a produit de l'eau osmosée, vous pouvez l'utiliser comme base pour préparer votre eau de mer en ajoutant du sel marin approprié, comme nous l'avons expliqué précédemment. L'osmoseur joue donc un rôle crucial dans la création d'un environnement marin sain et équilibré pour vos habitants marins.

Il existe différents types d'osmoseurs sur le marché, chacun avec ses propres caractéristiques et fonctionnalités. Il est important de prendre en compte certains facteurs pour choisir l'osmoseur qui convient le mieux à vos besoins.

1. <u>Débit</u> : Le débit de l'osmoseur fait référence à la quantité d'eau osmosée qu'il peut produire par heure. Il est essentiel de considérer le volume d'eau nécessaire pour votre aquarium marin et de choisir un osmoseur capable de fournir un débit adéquat. Un débit plus élevé peut être préférable si vous avez un grand aquarium ou si vous prévoyez d'agrandir votre installation à l'avenir.

2. <u>Efficacité de la filtration</u> : La qualité de la filtration de l'osmoseur est un élément crucial. Vous souhaitez obtenir de l'eau osmosée de haute qualité, exempte de contaminants et d'impuretés. Vérifiez les spécifications de l'osmoseur pour vous assurer qu'il est capable de filtrer efficacement les particules et les substances indésirables de l'eau du robinet.

3. <u>Système de filtration</u> : Les osmoseurs peuvent utiliser différents types de systèmes de filtration, tels que des membranes en film mince, des cartouches de charbon actif et des filtres à sédiments. Il est important de comprendre le fonctionnement du système de filtration et de vérifier la durée de vie des différents composants. Certains osmoseurs peuvent nécessiter le remplacement régulier des filtres, il est donc essentiel de prendre cela en considération.

4. <u>Facilité d'utilisation et d'entretien</u> : Optez pour un osmoseur facile à utiliser et à entretenir. Il doit être simple à installer et à raccorder à une source d'eau. De plus, il est préférable de choisir un osmoseur doté d'un système d'entretien facile, tel que des indicateurs de remplacement de filtre ou des fonctionnalités d'autonettoyage.

5. <u>Coût</u> : Le prix de l'osmoseur est également un facteur important à prendre en compte. Les osmoseurs varient en termes de coût, en fonction de leurs fonctionnalités, de leur capacité et de leur qualité de fabrication. Établissez un budget approprié en

fonction de vos besoins et recherchez un osmoseur qui offre un bon rapport qualité-prix.

Avant d'acheter un osmoseur, effectuez des recherches approfondies, lisez les avis des utilisateurs et consultez les spécifications techniques pour vous assurer qu'il répond à vos exigences.

4. Le cycle de l'azote et l'introduction des premiers habitants

Explication du cycle de l'azote et son importance

Le cycle de l'azote est un processus biologique essentiel dans un aquarium marin. Il consiste en une série de transformations chimiques qui convertissent les déchets organiques en substances moins toxiques pour les habitants marins. Comprendre et maîtriser ce cycle est crucial pour maintenir un environnement sain et équilibré dans votre aquarium.

Le cycle de l'azote commence par les déchets produits par les poissons, les coraux et d'autres habitants marins. Ces déchets contiennent de l'ammoniac, une substance hautement toxique pour les organismes marins. Heureusement, des bactéries bénéfiques appelées bactéries nitrifiantes se développent naturellement dans l'aquarium et convertissent l'ammoniac en nitrites, qui sont également toxiques.

Dans la deuxième étape du cycle, d'autres bactéries bénéfiques, appelées bactéries nitrobactériennes, transforment les nitrites en nitrates, une forme moins toxique. Les nitrates sont encore présents dans l'eau de votre aquarium, mais ils sont tolérés à des niveaux faibles.

Déchets organiques
- Ammoniac
- Toxique

➡️

Bactéries nitrifiantes
- Conversion de l'ammoniac en nitrites
- Toxiques

➡️

Bactéries nitrobactériennes
- Conversion des nitrites en nitrates
- Moins toxiques

C'est là que le système de filtration joue un rôle crucial. Un bon système de filtration, comprenant des médias filtrants biologiques, permet aux bactéries bénéfiques de s'établir et de convertir les nitrites en nitrates. De plus, les changements d'eau réguliers aident à éliminer les nitrates accumulés, maintenant ainsi leur concentration à des niveaux acceptables.

Il est important de comprendre que le cycle de l'azote est un processus continu et qu'il faut du temps pour que les populations de bactéries bénéfiques se développent et atteignent des niveaux suffisants pour gérer efficacement les déchets. Cela signifie que lors de la mise en place d'un nouvel aquarium marin, il faut passer par une période de démarrage pendant laquelle le cycle de l'azote s'établit.

Pendant cette période, il est essentiel de surveiller attentivement les paramètres de l'eau, tels que les niveaux d'ammoniac, de nitrites et de nitrates, en utilisant des kits de test appropriés. Vous pouvez également utiliser des bactéries nitrifiantes commerciales pour accélérer le processus de maturation de l'aquarium.

Une fois le cycle de l'azote établi et les niveaux de nitrites et d'ammoniac maintenus à zéro, vous pouvez commencer à introduire progressivement les premiers habitants marins dans votre aquarium. Il est préférable de commencer par des espèces résistantes et adaptées aux conditions de votre aquarium, telles que certains poissons et coraux mous.

Les étapes d'introduction des habitants

Une fois que le cycle de l'azote est bien établi et que les paramètres de l'eau sont stables, vous pouvez commencer à introduire progressivement les habitants marins dans votre aquarium. Cette étape clé doit être réalisée avec précaution et en tenant compte de la compatibilité des espèces et de leurs besoins spécifiques.

En suivant une méthode rigoureuse d'introduction des vivants dans votre bac, vous augmentez vos chances de réussir cette phase cruciale.

Il est important de noter que ce planning d'introduction idéal peut être ajusté en fonction des circonstances, et qu'il est recommandé de commencer par les espèces réputées les plus robustes avant d'ajouter les plus fragiles. Vous devez également garder à l'esprit que l'écosystème en développement de votre aquarium a besoin de temps pour s'adapter à chaque nouvelle charge de pollution détritique, notamment au niveau des populations de microorganismes détritivores et décomposeurs.

Il est essentiel de comprendre que le démarrage de votre aquarium ne se limite pas à sa mise en eau, mais plutôt à l'ensemencement de microorganismes utiles et nécessaires qui déclenchent la dynamique biologique et écologique de l'écosystème.

Une fois que votre bac est correctement cyclé, vous pouvez commencer à introduire des coraux mous robustes tels que les coraux cuir, les *corallimorphaires* et les *xéniidae* (à l'exception des cas particuliers de surdéveloppement algal), ainsi que les escargots algivores, les escargots de sable détritivores et les détritivores robustes, à condition de les acclimater soigneusement. Les étoiles de mer et les concombres de mer (*holothuries*) peuvent également être introduits à ce stade.

Environ 15 jours plus tard, vous pouvez ajouter les crevettes et les coraux mous légèrement plus délicats, tels que les *Zoanthidae*.

À la fin du deuxième mois, vous pouvez commencer à introduire les poissons, en évitant d'ajouter un grand nombre d'individus simultanément. Il est préférable d'espacer les ajouts de poissons tous les 5 à 7 jours environ. Cela permet à votre système biologique de s'adapter progressivement aux nouveaux habitants et de maintenir la stabilité de l'aquarium.

Effectuez des recherches approfondies sur les poissons, les coraux et les invertébrés que vous envisagez d'ajouter. Prenez en compte leur taille adulte, leurs exigences en termes d'espace, de salinité, de température, de compatibilité avec d'autres espèces, ainsi que leurs comportements et leurs régimes alimentaires.

Il est recommandé de commencer par les poissons les plus résistants et les plus adaptés aux conditions de votre aquarium. Choisissez des espèces qui tolèrent bien les fluctuations de paramètres courantes pendant les premiers mois de mise en place de l'aquarium. Certains poissons marins populaires pour les débutants comprennent les poissons-clowns, les gobies, les chirurgiens jaunes et les blennies.

Au troisième mois, vous pouvez introduire les coraux durs **LPS** (Large Polyp Stony) et **SPS** (Small Polyp Stony), à l'exception des coraux acropora et autres apparentés très délicats.

Enfin, ce n'est qu'après 4 à 6 mois, vous pouvez envisager l'introduction des coraux acropora et d'autres **SPS** réputés "fragiles".

Au fur et à mesure que votre aquarium marin se développe, vous pouvez continuer à introduire de nouvelles espèces en respectant les mêmes précautions. Gardez à l'esprit que chaque nouvel habitant ajouté aura un impact sur l'équilibre écologique de l'aquarium, il est donc important de maintenir une surveillance régulière des paramètres de l'eau et de prendre les mesures nécessaires pour maintenir un environnement sain pour tous les habitants.

Étape	Habitants recommandés
Après le cycle de l'azote	Coraux mous robustes, escargots algivores, détritivores robustes, étoiles de mer et concombres de mer
Environ 15 jours plus tard	Crevettes et coraux mous légèrement plus délicats
Fin du deuxième mois	Poissons résistants et adaptés aux conditions (poissons-clowns, gobies, chirurgiens jaunes, blennies)
Troisième mois	Coraux durs **LPS** et **SPS**, à l'exception des coraux acropora et autres délicats
Après 4 à 6 mois	Coraux acropora et autres **SPS** réputés "fragiles"
Suivi continu	Introduction de nouvelles espèces en respectant les précautions

Il est important de noter que ces délais sont indicatifs et peuvent varier en fonction des conditions spécifiques de votre aquarium récifal. L'observation attentive de chaque nouvel ajout et la surveillance régulière des paramètres de l'eau sont essentielles pour garantir le bien-être et la santé de tous les habitants de votre aquarium.

Partie 3 : Les espèces marines populaires et leur maintenance

1. Les poissons d'eau salée

Les poissons adaptés à l'aquariophilie marine

L'un des aspects les plus passionnants de l'aquariophilie marine est la possibilité de maintenir une grande variété de poissons d'eau salée dans votre aquarium. Les poissons marins présentent une diversité étonnante de formes, de couleurs et de comportements, ce qui en fait des habitants fascinants à observer. Dans cette section, nous aborderons la sélection des espèces de poissons adaptées à l'aquariophilie marine, leur alimentation et les soins spécifiques dont ils ont besoin pour s'épanouir.

Lorsque vous choisissez des poissons pour votre aquarium marin, il est essentiel de sélectionner des espèces adaptées à cet environnement. Certains poissons d'eau salée sont mieux adaptés à la captivité que d'autres et présentent une plus grande résistance aux conditions de l'aquarium. Voici quelques exemples d'espèces de poissons populaires et adaptées à l'aquariophilie marine :

1. <u>Poissons-clowns</u> : Les poissons-clowns sont parmi les poissons les plus populaires en aquariophilie marine. Ils sont connus pour leurs couleurs vives et leur relation

symbiotique avec les anémones de mer. Les espèces les plus courantes incluent le poisson-clown de Percula (*Amphiprion percula*) et le poisson-clown de Ocellaris (*Amphiprion ocellaris*).

2. <u>Gobies</u> : Les gobies sont de petits poissons fascinants qui se caractérisent par leur comportement paisible et leurs couleurs vives. Ils sont souvent appréciés pour leur capacité à creuser des terriers dans le substrat de l'aquarium. Certains gobies populaires pour l'aquariophilie marine sont le gobie à deux bandes (*Stiphodon percnopterygionus*) et le gobie à rayures bleues (*Elacatinus oceanops*).

3. <u>Poissons-chirurgiens</u> : Ces poissons sont reconnaissables à leurs formes allongées et à leurs lames épineuses sur les côtés de leur corps. Ils sont appréciés pour leurs couleurs vives et leur capacité à contrôler la croissance des algues dans l'aquarium. Des exemples populaires de poissons-chirurgiens sont le chirurgien jaune (*Paracanthurus hepatus*) et le chirurgien à palette (*Zebrasoma desjardinii*).

4. <u>Poissons-anges</u> : Les poissons-anges sont appréciés pour leurs formes élégantes et leurs couleurs vives. Ils ajoutent une belle esthétique à l'aquarium, mais certains d'entre eux peuvent être territoriaux et nécessitent un espace adéquat. Des exemples populaires de poissons-anges dont l'ange empereur (*Pomacanthus imperator*) et l'ange nain à col jaune (*Centropyge heraldi*).

Il est important d'effectuer des recherches approfondies sur les espèces de poissons que vous envisagez de maintenir dans votre aquarium marin. Assurez-vous de prendre en compte leur taille adulte, leurs besoins alimentaires spécifiques, leur compatibilité avec d'autres habitants marins et leur niveau de difficulté de maintenance.

Gardez à l'esprit que certains poissons peuvent nécessiter un aquarium plus grand ou des conditions spécifiques pour prospérer. Assurez-vous de fournir un environnement approprié pour chaque espèce, en tenant compte de leurs besoins spécifiques. En effet, certaines espèces que nous venons de citer un peu plus tôt pourront mesurer plusieurs dizaines de centimètres une fois adultes, et nécessiteront donc un bac d'un volume plus important (600-800 litres).

Lors de la sélection des poissons pour votre aquarium marin, il est également important de considérer la compatibilité entre les espèces. Certains poissons peuvent avoir des comportements territoriaux ou agressifs envers d'autres espèces, ce qui peut entraîner des conflits et des problèmes de cohabitation. Il est recommandé de choisir des espèces qui sont connues pour être compatibles et de surveiller attentivement les interactions entre les poissons une fois qu'ils sont introduits dans l'aquarium.

Choix des poissons en fonction de la taille du bac

Lorsque vous choisissez des poissons pour votre aquarium marin, il est essentiel de prendre en compte la taille de l'aquarium. Différentes espèces de poissons ont des besoins en termes d'espace et de nage qui doivent être respectés pour assurer leur bien-être. En choisissant judicieusement les poissons adaptés à la taille de votre aquarium, vous créerez un environnement harmonieux et équilibré.

Pour sélectionner les poissons en fonction de la taille de l'aquarium, vous devez considérer à la fois la taille adulte des poissons et leurs comportements naturels. Il est important de se rappeler que les poissons ont besoin d'espace pour nager, explorer leur environnement et interagir avec d'autres poissons. Un aquarium surpeuplé peut entraîner du stress, des problèmes de comportement et une détérioration de la qualité de l'eau.

Dans un petit aquarium, il est préférable de choisir des espèces de poissons adaptées à des espaces restreints. Les poissons plus petits tels que les gobies, les blennies et les poissons-clowns sont de bons choix pour les aquariums de petite taille. Ils sont actifs, colorés et s'adaptent bien à des espaces plus restreints. Assurez-vous simplement de ne pas introduire trop de poissons dans un petit aquarium afin de maintenir un équilibre adéquat.

Si vous disposez d'un aquarium de taille moyenne à grande, vous avez plus de flexibilité pour choisir des espèces de poissons de différentes tailles. Vous pouvez opter pour des poissons plus grands comme les poissons-anges, les poissons-papillons ou les poissons-lions. Cependant, rappelez-vous de vérifier les besoins spécifiques de chaque espèce, car certaines peuvent nécessiter un espace de nage plus important ou être territoriales.

En plus de considérer la taille des poissons, il est crucial de prendre en compte leur compatibilité avec d'autres habitants de l'aquarium, tels que les coraux et les invertébrés. Certaines espèces de poissons peuvent endommager les coraux ou perturber les autres habitants. Effectuez des recherches approfondies sur les comportements et les besoins de chaque espèce avant de les introduire dans votre aquarium.

Lorsque vous sélectionnez des poissons pour votre aquarium, il peut être utile de créer une liste de poissons que vous souhaitez accueillir et de vérifier leurs exigences spécifiques en termes de taille d'aquarium, de compatibilité et de comportement. Cela vous permettra de faire des choix éclairés et d'éviter les problèmes potentiels à l'avenir.

Il est également important de garder à l'esprit que votre aquarium peut évoluer au fil du temps. Les poissons grandissent, les coraux se développent et vous pourriez envisager d'introduire de nouvelles espèces à l'avenir. Il est donc essentiel de planifier à long terme et de tenir compte de la croissance potentielle des poissons lors de la sélection initiale.

L'alimentation des poissons marins

Le régime alimentaire des poissons marins est un aspect crucial de leur bien-être et de leur santé. Il est essentiel de fournir une alimentation adaptée à leurs besoins nutritionnels spécifiques pour favoriser leur croissance, leur vitalité et leur résistance aux maladies.

Les poissons marins ont des besoins nutritionnels variés, et il est important de leur fournir une alimentation équilibrée pour répondre à ces besoins. Les aliments commerciaux spécialement formulés pour les poissons marins sont largement disponibles. Ils se présentent sous différentes formes, telles que les paillettes, les granulés, les flocons, les comprimés et les sticks. Ces aliments sont généralement enrichis en vitamines, minéraux et oligo-éléments essentiels pour la santé des poissons.

Lorsque vous choisissez des aliments commerciaux, il est préférable d'opter pour des marques réputées et de vérifier les ingrédients pour vous assurer qu'ils répondent aux besoins spécifiques de vos poissons. Il est également conseillé de varier les types d'aliments pour offrir une alimentation diversifiée. Par exemple, vous pouvez alterner entre des paillettes riches en protéines, des granulés à base de fruits de mer et des aliments surgelés comme les artémias, les mysis ou les krills.

Vous pouvez également nourrir vos poissons marins avec des aliments vivants ou congelés pour stimuler leur appétit naturel et leur apporter une nutrition supplémentaire. Les aliments vivants tels que les artémias, les vers de vase et les copépodes sont riches en nutriments et constituent une source de nourriture naturelle pour de nombreux poissons marins. Les aliments congelés, tels que les artémias congelées, les mysis et les krills, sont également très appréciés par de nombreuses espèces.

Lorsque vous distribuez les repas, il est important de prendre en compte la taille de la bouche des poissons et leurs habitudes alimentaires naturelles. Certains poissons marins sont des brouteurs qui se nourrissent constamment tout au long de la journée, tandis que d'autres sont des prédateurs qui ont besoin de repas plus copieux à des intervalles réguliers. Il est recommandé d'observer attentivement le comportement alimentaire de vos poissons et d'ajuster la quantité de nourriture en conséquence.

Vous pouvez utiliser des distributeurs automatiques de nourriture pour des repas programmés, des pinces d'alimentation pour cibler certains poissons ou des diffuseurs de nourriture pour disperser les aliments dans tout l'aquarium. Assurez-vous simplement de ne pas suralimenter vos poissons, car cela peut entraîner des problèmes de qualité de l'eau.

D'où viennent nos poissons ?

Lorsque nous envisageons d'ajouter des poissons à notre aquarium marin, il est important de se demander d'où viennent ces derniers. Il existe en effet plusieurs sources possibles pour l'approvisionnement en poissons marins, et chacune a ses propres implications pour la santé des poissons et l'impact sur l'environnement.

1. <u>Capture dans la nature</u> : Certains poissons marins sont capturés directement dans leur habitat naturel, généralement par des pêcheurs spécialisés. Cependant, la capture dans la nature présente des défis et des préoccupations en matière de durabilité. Certaines pratiques de pêche peuvent être destructrices pour les récifs coralliens et les écosystèmes marins. Il est donc important de s'assurer que les poissons sont capturés de manière responsable et durable.

2. <u>Élevage en captivité</u> : Une autre source d'approvisionnement en poissons marins est l'élevage en captivité. De nombreux poissons marins disponibles dans le commerce sont désormais élevés en captivité, ce qui présente plusieurs avantages. L'élevage en captivité réduit la pression sur les populations sauvages et contribue à la préservation des écosystèmes marins. De plus, les poissons élevés en captivité sont souvent mieux adaptés à la vie en aquarium, car ils sont habitués à l'environnement captif et sont généralement en meilleure santé que leurs homologues capturés dans la nature.

3. <u>Commerce responsable</u> : Il est essentiel de soutenir les pratiques de commerce responsable lors de l'achat de poissons marins. Il est recommandé de se tourner vers des fournisseurs réputés qui s'approvisionnent en poissons de manière responsable, en

privilégiant l'élevage en captivité et en évitant les espèces capturées de manière non durable.

Il est donc important de se renseigner sur l'origine des poissons marins que nous souhaitons ajouter à notre aquarium. En favorisant l'élevage en captivité et en choisissant des fournisseurs responsables, nous contribuons à la préservation des écosystèmes marins et à la santé des poissons que nous accueillons dans notre aquarium.

2. Les Coraux

Présentation des types de coraux marins

Les coraux sont des animaux à part entière, bien qu'ils puissent être facilement confondus avec des plantes en raison de leur apparence. Ils appartiennent au groupe des cnidaires, qui comprend également les méduses et les anémones de mer. Les coraux sont des organismes coloniaux, ce qui signifie qu'ils vivent en colonies composées de milliers de polypes individuels. Chaque polype est un organisme autonome avec une bouche entourée de tentacules urticants pour capturer leur nourriture.

Ce sont des créatures fascinantes qui ajoutent beauté, couleur et complexité à un aquarium marin. Ils se présentent sous différentes formes et tailles, offrant une grande diversité à explorer. Il est essentiel de comprendre les différents types de coraux et leurs exigences spécifiques pour créer un environnement propice à leur croissance et à leur épanouissement.

Les coraux sont classés en deux grandes catégories : les coraux durs (*Scleractiniaires*) et les coraux mous (*Alcyonaires*). Les coraux durs, également appelés « coraux constructeurs de récifs », se caractérisent par leur squelette calcaire dur, tandis que les coraux mous ont un tissu charnu et flexible. Chaque catégorie comprend de nombreuses espèces aux formes et aux couleurs variées.

Les coraux durs se développent en construisant des structures en forme de colonie, formant ainsi les récifs coralliens. Ils sont connus pour leurs polypes en forme de vase qui sortent de leurs calices. Les coraux durs nécessitent une eau de mer de haute qualité, une bonne circulation de l'eau et un éclairage adéquat pour favoriser leur croissance. Certains coraux durs sont plus exigeants en termes de paramètres de l'eau et de qualité de la lumière, tandis que d'autres sont plus tolérants.

Les coraux mous, quant à eux, ont des tissus charnus et flexibles. Ils peuvent être solitaires ou former des colonies. Contrairement aux coraux durs, les coraux mous n'ont pas de squelette calcaire et sont souvent plus tolérants aux fluctuations des paramètres de l'eau. Cependant, ils ont également des exigences spécifiques en termes d'éclairage, de brassage et de qualité de l'eau.

Certains coraux marins sont connus pour leur capacité à héberger des zooxanthelles, des algues microscopiques symbiotiques qui vivent à l'intérieur des tissus des coraux et fournissent une grande partie de leur énergie grâce à la photosynthèse. Ces coraux symbiotiques, comme les coraux durs du genre Acropora, nécessitent une lumière vive pour soutenir leur relation symbiotique avec les zooxanthelles.

D'autres coraux, tels que les coraux mous du genre Xenia, sont appréciés pour leur mouvement gracieux et pulsatile. Ils ajoutent un aspect unique à l'aquarium marin et peuvent être des choix intéressants pour les aquariophiles cherchant à créer un spectacle vivant et animé.

En fonction des espèces de coraux que vous choisissez pour votre aquarium marin, vous devrez adapter les conditions de l'eau, l'éclairage et le brassage pour répondre à leurs besoins spécifiques. Il est essentiel d'effectuer des recherches approfondies sur chaque espèce de corail avant de les introduire dans votre aquarium, afin de garantir leur bien-être et leur croissance optimale.

Les paramètres de l'eau pour maintenir les coraux

Les coraux marins sont des créatures délicates et sensibles qui nécessitent des conditions spécifiques de l'eau pour leur croissance et leur santé optimales. En comprenant les paramètres de l'eau essentiels, vous pouvez créer un environnement adapté aux coraux dans votre aquarium marin.

1. La température de l'eau : Les coraux marins prospèrent dans une plage de température spécifique, généralement entre 23°C et 26°C. Il est essentiel de maintenir une température stable et constante pour éviter tout stress thermique qui pourrait nuire aux coraux. L'utilisation d'un chauffage et d'un thermomètre fiables est recommandée pour surveiller et réguler la température de l'eau.

2. La salinité : Les coraux marins nécessitent une salinité appropriée pour survivre. La salinité idéale pour la plupart des coraux est d'environ 34 à 36 parties pour mille (ppt). Il est important de mesurer régulièrement la salinité de l'eau à l'aide d'un réfractomètre ou d'un densimètre et d'ajuster si nécessaire en ajoutant de l'eau de mer ou de l'eau distillée.

3. Le pH : Le pH de l'eau doit être maintenu dans une plage stable pour le bien-être des coraux. La plupart des coraux préfèrent un pH légèrement alcalin, compris entre 8,1 et 8,4. Des variations importantes du pH peuvent entraîner un stress pour les coraux et nuire à leur croissance. L'utilisation de produits de conditionnement de l'eau et de tests réguliers du pH est essentielle pour maintenir des niveaux optimaux.

4. L'éclairage : L'éclairage est un élément crucial pour les coraux marins, car ils dépendent de la photosynthèse réalisée par les zooxanthelles symbiotiques vivant à l'intérieur de leurs tissus. Les coraux durs ont généralement besoin d'une lumière intense, telle que celle fournie par des lampes LED spécifiques aux coraux, pour soutenir leur croissance et leur couleur. Il est important de régler la durée d'éclairage quotidienne en fonction des besoins spécifiques

des coraux et d'utiliser des minuteries pour maintenir un cycle régulier.

5. <u>Les nutriments</u> : Les coraux marins ont besoin d'un apport adéquat en nutriments, tels que les nitrates et les phosphates, pour leur croissance. Cependant, des niveaux excessifs de nutriments peuvent favoriser la croissance d'algues indésirables. Il est donc important de maintenir un équilibre approprié en surveillant les niveaux de nutriments et en utilisant des méthodes de filtration appropriées, telles que les réacteurs à lit fluidisé et les médias absorbants.

En maintenant ces paramètres de l'eau dans les plages appropriées, vous créerez un environnement favorable à la croissance et à la santé des coraux marins. Il est important de noter que certains coraux peuvent avoir des exigences spécifiques en termes de paramètres de l'eau, il est donc recommandé d'effectuer des recherches sur chaque espèce de corail que vous souhaitez maintenir dans votre aquarium.

Placement, fixation et entretien des coraux

Une fois que vous avez sélectionné les coraux que vous souhaitez maintenir dans votre aquarium marin, il est essentiel de connaître les techniques appropriées de placement, de fixation et d'entretien pour assurer leur santé et leur croissance optimales.

Lorsque vous placez des coraux dans votre aquarium, il est important de tenir compte de leur taille, de leurs exigences en termes de lumière et de flux d'eau, ainsi que de leur interaction potentielle avec d'autres espèces. Essayez de créer une disposition harmonieuse en tenant compte de la croissance future des coraux. Évitez de les placer trop près les uns des autres pour éviter la compétition pour l'espace et les ressources. N'hésitez pas à vous référer à la partie de ce livre dédiée à la compatibilité des espèces et la gestion des interactions pour obtenir des conseils supplémentaires.

Les coraux peuvent se brûler entre eux dans un processus connu sous le nom de "combats de coraux" ou "agression chimique". Cela se produit lorsque certains types de coraux libèrent des substances chimiques toxiques dans l'eau pour se défendre ou pour prendre le contrôle d'un espace. Lorsque deux coraux entrent en contact, ces substances chimiques (telles que des terpènes et des peptides) peuvent être libérées, provoquant des brûlures tissulaires ou même la mort des tissus coralliens touchés.

Certains exemples de coraux qui sont connus pour leurs capacités agressives et leurs interactions potentiellement nuisibles avec d'autres coraux incluent les coraux mous du genre Xenia et les coraux durs du genre Galaxea. D'autre part, il existe également des coraux qui sont considérés comme relativement inoffensifs et qui sont moins susceptibles de brûler d'autres coraux. Par exemple, certains coraux mous du genre Sarcophyton et les coraux durs du genre Montipora sont généralement considérés comme pacifiques et compatibles avec d'autres espèces de coraux dans un aquarium marin.

Il est important de comprendre que les interactions entre les coraux peuvent varier en fonction de plusieurs facteurs, tels que les espèces spécifiques impliquées, les conditions de l'environnement, la proximité et l'agencement des coraux dans l'aquarium. La compatibilité des coraux doit donc être prise en compte lors de la conception et de la composition d'un aquarium marin pour éviter les conflits et favoriser une coexistence harmonieuse.

Certains coraux, tels que les coraux durs, doivent être fixés à des supports pour assurer leur stabilité. Vous pouvez utiliser des roches vivantes, des bases de coraux spéciales ou des supports en céramique pour fixer les coraux. Assurez-vous que les supports sont solides et stables, et évitez de les placer directement sur le fond de l'aquarium pour permettre un bon flux d'eau autour des coraux.

De plus, les coraux nécessitent un entretien régulier pour rester en bonne santé. Voici quelques tâches importantes à effectuer :

- Nettoyage : Il est essentiel de retirer régulièrement les débris et les algues indésirables qui pourraient s'accumuler sur les coraux. Utilisez une brosse douce ou une pince spéciale pour coraux pour éliminer délicatement les dépôts sans endommager les tissus coralliens.

- Alimentation : Certains coraux, tels que les coraux LPS (Large Polyp Stony) et les coraux mous, peuvent bénéficier d'une alimentation supplémentaire en suspension. Vous pouvez nourrir les coraux avec des planctons, des microparticules ou des suppléments nutritifs spécialement conçus pour les coraux. Cependant, veillez à ne pas suralimenter et à maintenir une bonne qualité de l'eau.

- Contrôle de la croissance : Certains coraux peuvent avoir une croissance rapide et nécessiter des tailles régulières pour éviter qu'ils n'empiètent sur d'autres coraux ou ne bloquent la circulation de l'eau. Utilisez des ciseaux ou des pinces spéciales pour couper délicatement les parties excédentaires des coraux.

- Surveillance des maladies : Les coraux sont sensibles aux maladies, telles que les infections fongiques ou les infections bactériennes. Surveillez régulièrement l'apparition de signes de maladie, tels que le blanchissement ou les lésions, et agissez rapidement en cas de problème.

En suivant ces techniques de placement, de fixation et d'entretien des coraux, vous créerez un environnement favorable à leur développement et à leur épanouissement. N'oubliez pas de surveiller régulièrement les paramètres de l'eau, de maintenir une bonne qualité de l'eau et d'ajuster les pratiques d'entretien en fonction des besoins spécifiques de vos coraux.

Contrôle de la croissance

Une fois que les coraux sont installés dans votre aquarium marin, il peut être nécessaire de contrôler leur croissance pour éviter qu'ils ne deviennent envahissants ou ne nuisent à d'autres coraux.

La première technique permettant de contrôler la croissance des coraux consiste à bouturer ces derniers. Le bouturage est une méthode couramment utilisée qui permet de scinder un corail en créant de nouvelles colonies à partir de fragments de coraux existants, tout en préservant l'équilibre de l'aquarium.

Le processus de bouturage commence par la sélection d'un corail parent sain et bien développé. Il est important de choisir un corail qui présente une croissance vigoureuse et qui est adapté aux conditions de votre aquarium. Une fois le corail parent sélectionné, une partie de celui-ci est coupée avec précaution à l'aide d'outils stérilisés tels que des pinces ou des ciseaux spéciaux pour coraux. Le fragment de corail ainsi obtenu est ensuite replanté dans un autre endroit de l'aquarium. Il peut être fixé sur un support approprié, tel qu'une roche vivante ou une base de corail spéciale, en utilisant de la colle spécifique pour coraux ou en l'attachant avec des attaches en plastique ou des élastiques non toxiques. Il est important de s'assurer que le fragment de corail est solidement fixé pour éviter qu'il ne soit emporté par le flux d'eau.

Une fois replanté, le fragment de corail commencera à se développer et à former une nouvelle colonie. Il est essentiel de fournir des conditions optimales, telles qu'une bonne qualité de l'eau, un éclairage adéquat et un flux d'eau approprié, pour favoriser la croissance et la survie du fragment. Il peut être nécessaire d'ajuster les paramètres de l'eau et de surveiller attentivement le fragment pour s'assurer qu'il s'adapte bien à son nouvel emplacement.

Il est important de noter que le bouturage des coraux nécessite une certaine expertise et des précautions particulières pour assurer le succès et la santé des coraux. Il est recommandé de se renseigner davantage sur les techniques spécifiques de bouturage pour chaque espèce de corail que vous souhaitez bouturer, car certaines espèces peuvent nécessiter des approches spécifiques.

Précautions lors de la manipulation des coraux

Lors de la manipulation des coraux, il est important de prendre des précautions et de suivre les règles de sécurité pour vous prévenir contre les blessures éventuelles et préserver la santé des coraux.

Voici quelques risques associés à la manipulation des coraux et des exemples de précautions à prendre :

- <u>Piqûres et coupures</u> : Certains coraux, en particulier ceux dotés de tentacules urticants ou de structures coupantes, peuvent causer des piqûres ou des coupures si vous les manipulez de manière imprudente. Les coraux durs tels que les coraux LPS (Large Polyp Stony) peuvent avoir des polypes qui peuvent piquer si vous les touchez directement. Les coraux mous tels que les coraux Xenia peuvent avoir des tissus fragiles qui peuvent se déchirer facilement et causer eux aussi des coupures. Il est donc recommandé d'utiliser des gants de protection appropriés, tels que des gants en latex ou en nitrile, pour éviter tout contact direct avec les coraux et pour protéger vos mains des blessures.

- <u>Projections de toxines</u> : Certains coraux, tels que les Zoanthus qui des cellules urticantes spéciales appelées cnidocytes, capables de projeter des toxines dans l'eau pour se défendre. Lorsque vous manipulez des coraux Zoanthus ou d'autres coraux susceptibles de projeter des toxines, il est essentiel de prendre des précautions supplémentaires pour vous protéger. Les toxines libérées par les coraux Zoanthus peuvent être irritantes pour la peau et les muqueuses. Il est donc recommandé de porter des gants épais et résistants aux produits chimiques lors de la manipulation de ces coraux. Il est également conseillé de porter des lunettes de protection pour éviter les projections de toxines dans les yeux. En cas de contact avec les toxines, rincez immédiatement la zone touchée à l'eau claire et consultez un professionnel de la santé si des symptômes persistants ou graves apparaissent. Il est important de noter que tous les coraux ne projettent pas de toxines et que les Zoanthus sont particulièrement connus pour cette caractéristique.

- <u>Réactions allergiques</u> : Certaines personnes peuvent être sensibles aux toxines présentes dans les coraux, ce qui peut provoquer des réactions allergiques, telles que des démangeaisons, des rougeurs ou des éruptions cutanées. Il est important d'être conscient de vos propres sensibilités et de porter des gants de protection pour minimiser le contact direct avec la peau lorsque vous manipulez des coraux.

- <u>Brisure des coraux</u> : Les coraux sont des organismes délicats, et une manipulation brusque ou incorrecte peut entraîner leur brisure ou leur endommagement. Il est essentiel de manipuler les coraux avec précaution, en évitant les gestes brusques et en les soutenant correctement pour éviter tout stress physique. Utilisez des pinces spéciales pour coraux ou des pinces à corail pour saisir les coraux avec précaution et les déplacer avec délicatesse.

- Contamination croisée : Lorsque vous manipulez différents coraux, il est important d'éviter la contamination croisée entre eux. Certains coraux peuvent libérer des substances chimiques toxiques dans l'eau, qui peuvent être nuisibles pour d'autres coraux. Il est recommandé de nettoyer soigneusement les outils de manipulation, tels que les pinces ou les ciseaux, après chaque utilisation pour prévenir la propagation de substances nocives.

En suivant les règles de sécurité appropriées, vous pouvez minimiser les risques de blessures et protéger la santé des coraux. Assurez-vous de porter des gants de protection lors de la manipulation des coraux, de les manipuler avec précaution et de prendre des mesures pour éviter la contamination croisée.

Les maladies courantes affectant les coraux

Les coraux sont des organismes vivants sensibles qui peuvent être sujets à différentes maladies lorsqu'ils sont maintenus dans un aquarium marin. Il est essentiel de connaître les principales maladies qui peuvent affecter les coraux, ainsi que les mesures préventives et les traitements disponibles pour assurer leur santé et leur survie.

La prévention joue un rôle crucial dans la protection des coraux contre les maladies. En suivant des pratiques d'entretien appropriées et en maintenant un environnement sain, vous pouvez réduire les risques de maladies. Voici quelques mesures préventives importantes à prendre en compte :

- Maintenir une bonne qualité de l'eau : Des paramètres d'eau stables et optimaux sont essentiels pour la santé des coraux. Surveillez régulièrement les niveaux de salinité, de pH, de température et de dureté de l'eau, et ajustez-les si nécessaire. Évitez les fluctuations extrêmes qui peuvent causer du stress aux coraux et les rendre plus vulnérables aux maladies.

- <u>Éviter les sources de contamination</u> : Les coraux peuvent être infectés par des agents pathogènes provenant d'autres organismes ou de l'eau elle-même. Évitez d'introduire des coraux ou d'autres habitants marins malades ou porteurs de maladies dans votre aquarium. Lorsque vous ajoutez de nouveaux coraux, assurez-vous de les obtenir auprès de sources réputées et de les mettre en quarantaine pour détecter d'éventuelles infections avant de les intégrer à votre aquarium principal.

- <u>Maintenir une bonne hygiène</u> : Éliminez régulièrement les débris et les algues indésirables de vos coraux, car ils peuvent abriter des bactéries et des parasites nocifs. Utilisez une brosse douce ou une pince spéciale pour coraux pour nettoyer délicatement les coraux sans les endommager.

- <u>Éviter le stress</u> : Les coraux stressés sont plus susceptibles de contracter des maladies. Assurez-vous de fournir des conditions optimales à vos coraux en termes de lumière, de flux d'eau, de nutrition et d'espacement adéquat entre les coraux. Évitez les changements brusques dans l'environnement de l'aquarium et minimisez les manipulations excessives des coraux.

Malgré toutes les mesures préventives prises, il est possible que les coraux développent des maladies. Il est donc important de connaître les signes de maladie courants et d'agir rapidement pour fournir les soins nécessaires. Voici quelques maladies courantes qui peuvent affecter les coraux :

- <u>Le blanchissement des coraux</u> : Le blanchissement des coraux se produit lorsque les zooxanthelles, les algues symbiotiques vivant à l'intérieur des tissus coralliens, sont expulsées. Cela peut être dû à des facteurs de stress tels que des changements de température, des niveaux élevés de nutriments ou une mauvaise qualité de l'eau. Si vous observez un blanchissement des coraux, vérifiez les paramètres de l'eau, identifiez et éliminez les facteurs de stress, et fournissez des conditions optimales pour favoriser la récupération des zooxanthelles.

- <u>Les infections bactériennes</u> : Les infections bactériennes peuvent se manifester par des lésions, des ulcères ou des zones décolorées sur les coraux. Si vous remarquez des signes d'infection, isolez immédiatement les coraux touchés et traitez-les avec des médicaments antimicrobiens adaptés. Assurez-vous de suivre attentivement les instructions d'utilisation des médicaments et de surveiller les coraux pendant le traitement.

- <u>Les infections fongiques</u> : Les infections fongiques peuvent se produire lorsque les coraux sont blessés ou exposés à des conditions environnementales favorables à la croissance des champignons. Les zones infectées peuvent apparaître blanchâtres, brunes ou cotonneuses. Pour traiter les infections fongiques, retirez les parties infectées des coraux si possible et utilisez des médicaments antifongiques spécifiques pour éliminer l'infection.

- <u>Les parasites coralliens</u> : Certains parasites, tels que les nudibranches et les acariens, peuvent s'attaquer aux coraux et provoquer des dégâts. Si vous observez des signes de parasites, vous pouvez utiliser des méthodes spécifiques pour les éliminer, comme le brossage doux des coraux ou l'utilisation de prédateurs naturels tels que les poissons mandarins.

Lorsqu'il s'agit de traiter les maladies des coraux, il est essentiel de faire preuve de prudence et de suivre attentivement les instructions des professionnels de l'aquariophilie marine ou des vétérinaires spécialisés. Assurez-vous d'utiliser des médicaments appropriés, de maintenir une bonne qualité de l'eau et de surveiller régulièrement les coraux pour évaluer leur progression et leur rétablissement.

D'où viennent nos coraux ?

Les coraux marins utilisés dans l'aquariophilie sont généralement obtenus à partir de trois sources principales : l'aquaculture, les collectes durables dans la nature et le commerce illégal :

1. <u>Aquaculture</u> : L'aquaculture des coraux est une méthode de reproduction et de culture des coraux en captivité. Elle permet de produire des coraux de manière durable et respectueuse de l'environnement. Les fermes coralliennes se spécialisent dans l'élevage et la propagation des coraux, en utilisant des techniques de bouturage et de fragmentation pour créer de nouvelles colonies à partir de coraux parentaux. L'aquaculture offre l'avantage de réduire la pression sur les populations de coraux sauvages et de promouvoir la conservation des écosystèmes récifaux.

2. <u>Mariculture</u> : La mariculture est une méthode spécifique d'aquaculture qui se concentre sur la culture des organismes marins, y compris les coraux (on parle alors de coraliculture), dans des environnements marins contrôlés. Elle implique la reproduction et la culture des coraux en mer, souvent dans des structures flottantes ou sur des plates-formes artificielles. La mariculture offre un potentiel pour la production durable de coraux, car elle utilise les ressources marines naturelles de

manière contrôlée et respectueuse de l'environnement. Elle peut contribuer à la réduction de la pression exercée sur les coraux sauvages et favoriser la conservation des récifs coralliens en permettant aux populations de se régénérer naturellement.

3. <u>Collectes durables dans la nature</u> : Dans certains cas, des coraux peuvent être collectés de manière responsable dans la nature, en respectant des pratiques durables et réglementées. Des plongeurs et des collecteurs spécialisés peuvent prélever des fragments de coraux dans des zones autorisées et veiller à ne pas causer de dommages importants à l'environnement. Ces coraux sont ensuite acclimatés et élevés en captivité avant d'être proposés à la vente. Il est important de s'assurer que les coraux collectés dans la nature proviennent de sources légales et responsables.

4. <u>Commerce illégal</u> : Malheureusement, le commerce illégal de coraux prélevés de manière destructive dans la nature existe toujours. Certains individus ou organisations pratiquent la collecte non réglementée et non durable de coraux, ce qui peut causer des dommages significatifs aux récifs coralliens. Il est crucial de ne pas soutenir ce commerce illégal en n'achetant pas de coraux provenant de sources douteuses ou non réglementées. Privilégiez l'achat de coraux provenant de sources légales et réputées.

Il est essentiel de se renseigner sur l'origine des coraux que vous souhaitez acquérir et de privilégier les coraux issus de l'aquaculture ou de collectes durables dans la nature. En choisissant des coraux provenant de sources responsables, vous contribuez à la préservation des récifs coralliens et à la durabilité de l'aquariophilie marine.

3. Les autres habitants marins

Diversité des invertébrés marins disponibles

Les invertébrés marins jouent un rôle essentiel dans les écosystèmes marins et peuvent également ajouter une belle diversité à votre aquarium marin. Ce terme générique « d'invertébrés » regroupe une variété d'espèces fascinantes, notamment des crevettes, des crabes, des étoiles de mer, des anémones de mer, des oursins, des escargots et bien d'autres encore. Chaque espèce possède des caractéristiques uniques et des besoins particuliers en matière de nourriture, de paramètres de l'eau et d'environnement.

Lors de la sélection des invertébrés pour votre aquarium marin, il est important de prendre en compte plusieurs facteurs. Tout d'abord, assurez-vous de choisir des invertébrés adaptés à la taille de votre aquarium et à la compatibilité avec les autres habitants marins. Certains invertébrés peuvent être prédateurs ou agressifs envers d'autres espèces, il est donc crucial de s'assurer de leur compatibilité avant de les introduire.

De plus, renseignez-vous sur les besoins spécifiques de chaque espèce d'invertébrés que vous envisagez d'ajouter à votre aquarium. Certains peuvent nécessiter des paramètres d'eau particuliers, tels qu'une salinité spécifique, un pH ou une température précise. Assurez-vous de fournir les conditions appropriées pour répondre à leurs besoins spécifiques.

Pour illustrer cette diversité d'invertébrés marins, voici quelques exemples courants :

- Les crevettes nettoyeuses : Les crevettes nettoyeuses, comme la crevette Lysmata Amboinensis, sont des invertébrés populaires dans les aquariums marins. Elles se nourrissent de parasites et de débris sur les poissons, contribuant ainsi à leur santé. Veillez à fournir des abris et des cachettes appropriés pour les crevettes afin qu'elles se sentent en sécurité.

- Les Bernard l'Hermite : Les Bernard l'Hermite sont connus pour leur comportement amusant et leur rôle dans le nettoyage de l'aquarium. Ils se déplacent souvent d'une coquille à l'autre, et il est important de leur fournir des coquilles adaptées à leur taille pour qu'ils puissent effectuer cette transition en toute sécurité.

- Les étoiles de mer : Les étoiles de mer ajoutent une touche unique à un aquarium marin. Elles se nourrissent principalement de débris organiques et de restes de nourriture, aidant ainsi à maintenir un environnement propre. Cependant, certaines espèces d'étoiles de mer peuvent se nourrir de coraux, il est donc crucial de choisir des espèces compatibles avec vos coraux.

- Les anémones de mer : Les anémones de mer sont connues pour leurs couleurs vives et leur relation symbiotique avec les poissons-clowns. Elles fournissent un abri pour les poissons-clowns et bénéficient en retour de restes de nourriture et de protection. Assurez-vous de fournir un éclairage adéquat et des paramètres de l'eau stables pour maintenir une anémone en bonne santé.

- Les escargots : Les escargots marins, comme l'escargot turbo, sont d'excellents nettoyeurs d'algues dans l'aquarium. Ils se nourrissent d'algues indésirables, contribuant ainsi à maintenir un équilibre écologique. Veillez à éviter les espèces d'escargots qui pourraient endommager vos coraux ou se reproduire de manière incontrôlée.

Lorsque vous introduisez des invertébrés dans votre aquarium marin, assurez-vous de les acclimater lentement pour minimiser le stress. Suivez les recommandations spécifiques pour chaque espèce en matière d'alimentation, de paramètres de l'eau et d'entretien. Surveillez attentivement leur comportement et leur santé, et réagissez rapidement en cas de problème.

Sélection et compatibilité des invertébrés avec les habitants

Avant de sélectionner des invertébrés marins pour votre aquarium, il est crucial de prendre en compte leur compatibilité avec les autres habitants marins. Certains invertébrés peuvent être prédateurs, agressifs ou incompatibles avec certaines espèces de poissons ou de coraux. Une mauvaise sélection peut entraîner des conflits, des blessures ou même la mort d'autres habitants de l'aquarium.

La compatibilité des invertébrés avec d'autres habitants marins dépend de plusieurs facteurs, tels que la taille de l'aquarium, les comportements individuels des espèces et leurs exigences environnementales. Voici quelques considérations importantes lors de la sélection et de la compatibilité des invertébrés :

- Taille et comportement : Il est essentiel de choisir des invertébrés qui ne sont pas trop grands pour votre aquarium et qui ne sont pas prédateurs envers d'autres espèces plus petites. Par exemple, certaines crevettes peuvent devenir agressives envers les poissons ou les coraux plus petits, il est donc important de les observer attentivement.

- Espèces coralliennes : Si vous avez des coraux dans votre aquarium, il est crucial de choisir des invertébrés qui sont compatibles avec eux. Certains invertébrés, comme certaines espèces d'anémones de mer ou d'étoiles de mer, peuvent endommager ou dévorer les coraux. Il est préférable de rechercher des invertébrés qui ont une coexistence pacifique avec les coraux.

- Sensibilité aux paramètres de l'eau : Certains invertébrés marins sont plus sensibles que d'autres aux fluctuations des paramètres de l'eau. Par exemple, certaines espèces d'anémones de mer nécessitent des conditions très stables et spécifiques pour survivre. Assurez-vous de vérifier les exigences de chaque invertébré en matière de salinité, de pH, de température et de qualité de l'eau pour garantir une compatibilité avec les autres habitants marins.

- Compatibilité comportementale : Les invertébrés marins ont des comportements variés, certains étant territoriaux, d'autres grégaires. Il est important de comprendre les comportements naturels des invertébrés que vous souhaitez ajouter à votre aquarium. Par exemple, certains Bernard l'Hermite peuvent se montrer agressifs envers d'autres invertébrés ou prendre possession de certaines zones de l'aquarium. Choisissez des invertébrés qui s'harmonisent avec les autres habitants de l'aquarium.

- Coexistence avec les poissons : Assurez-vous que les invertébrés que vous choisissez sont compatibles avec les poissons que vous avez ou prévoyez d'ajouter à votre aquarium. Certaines espèces de crevettes ou d'étoiles de mer peuvent être la proie de certains poissons prédateurs. Vérifiez la compatibilité des espèces en termes de comportement alimentaire et de taille.

Pour faciliter la sélection et la compatibilité des invertébrés, il est recommandé d'effectuer des recherches approfondies sur chaque espèce que vous envisagez d'ajouter à votre aquarium. En prenant le temps de sélectionner soigneusement et de choisir des invertébrés compatibles avec les autres habitants de votre aquarium marin, vous pouvez créer un environnement harmonieux et éviter les problèmes de coexistence. Une combinaison équilibrée d'invertébrés peut ajouter une beauté et une diversité exceptionnelles à votre aquarium marin, créant ainsi un écosystème fascinant et agréable à observer.

Les soins spécifiques et les besoins nutritionnels

Les invertébrés marins constituent une composante essentielle et fascinante de l'aquariophilie marine. Leur diversité et leurs comportements uniques ajoutent une beauté et une dynamique particulière à votre aquarium. Cependant, pour assurer leur bien-être et leur santé, il est important de comprendre les soins spécifiques et les besoins nutritionnels des invertébrés marins.

- Conditions de l'eau : Comme nous venons de le voir, les invertébrés marins ont des exigences spécifiques en matière de qualité de l'eau. La plupart d'entre eux nécessitent une eau propre, exempte de contaminants et de substances toxiques. Il est crucial de maintenir des paramètres stables tels que la salinité, le pH, la température et la dureté de l'eau conformes aux besoins des invertébrés. Par exemple, certaines espèces d'anémones de mer ont besoin d'une eau bien oxygénée et d'un courant modéré pour prospérer.

- Alimentation : Les invertébrés marins ont des besoins nutritionnels spécifiques. Certains se nourrissent de particules en suspension dans l'eau, tandis que d'autres sont des filtreurs ou des décomposeurs. Il est essentiel de fournir une alimentation adaptée à chaque espèce. Certains invertébrés marins se nourrissent de plancton, de microalgues ou de matière organique en décomposition, tandis que d'autres peuvent nécessiter des aliments spécifiques tels que des granulés ou des pastilles d'aliments spécialisés. Il est important de bien se renseigner sur les besoins alimentaires de chaque espèce et d'offrir une alimentation variée et équilibrée pour assurer leur santé optimale.

- Interaction avec d'autres habitants : Certains invertébrés marins peuvent interagir avec d'autres habitants de l'aquarium de différentes manières. Par exemple, certaines crevettes peuvent nettoyer les parasites des poissons, tandis que certaines espèces d'étoiles de mer peuvent se nourrir de petits invertébrés ou de détritus. Il est important de considérer ces interactions lors de la sélection et de la compatibilité des invertébrés avec d'autres espèces marines. Assurez-vous que l'alimentation et le comportement des invertébrés sont compatibles avec les autres habitants de votre aquarium.

- Entretien de l'environnement : Les invertébrés marins peuvent avoir des exigences spécifiques en matière d'environnement.

Certains ont besoin de roches ou de coraux spécifiques pour se cacher, se percher ou se nourrir. Il est important de fournir des aménagements appropriés dans l'aquarium pour répondre à ces besoins. Par exemple, certaines espèces d'oursins peuvent nécessiter des surfaces rocheuses pour se déplacer et se nourrir, tandis que certaines espèces de crevettes ont besoin de cachettes pour se sentir en sécurité.

- Prévention des maladies : Comme pour les autres habitants marins, les invertébrés peuvent être sensibles aux maladies. Il est essentiel de maintenir une bonne hygiène dans l'aquarium et de surveiller régulièrement les invertébrés pour détecter tout signe de maladie. Si des symptômes apparaissent, il est important de prendre des mesures rapidement pour identifier la cause et administrer les soins appropriés. Veillez également à éviter les contacts directs entre les invertébrés marins et certains poissons susceptibles de les harceler ou de les blesser.

En comprenant les soins spécifiques et les besoins nutritionnels des invertébrés marins, vous pouvez créer un environnement optimal pour leur épanouissement.

Les interactions et les comportements des invertébrés

Les invertébrés marins présents dans votre aquarium marin peuvent avoir des interactions fascinantes les uns avec les autres et avec les autres habitants de l'aquarium. Comprendre ces interactions est essentiel pour créer un environnement harmonieux et favoriser le bien-être de tous les habitants marins. Dans cette section, nous explorerons les différentes interactions et comportements des invertébrés dans un aquarium marin.

- Relations de symbiose : Dans le monde marin, de nombreuses espèces d'invertébrés ont développé des relations symbiotiques avec d'autres organismes. Par exemple, certaines crevettes nettoyeuses se spécialisent dans le nettoyage des parasites sur les poissons, tandis que les poissons-nettoyeurs bénéficient de ce service en se laissant nettoyer. De plus, certaines espèces d'anémones de mer forment des relations symbiotiques avec des poissons-clowns, offrant ainsi une protection mutuelle.

- Coexistence pacifique : Dans un aquarium marin, il est possible d'observer différents invertébrés coexister pacifiquement. Par exemple, les crevettes peuvent partager un espace avec des étoiles de mer, des oursins ou des coraux sans se perturber mutuellement. Cependant, il est important de choisir des espèces compatibles pour éviter les conflits potentiels. Certaines espèces d'invertébrés peuvent être territoriales et défendre leur espace, tandis que d'autres sont plus tolérantes.

- Comportements alimentaires : Les invertébrés marins ont des comportements alimentaires variés. Certaines crevettes sont des nettoyeuses actives, cherchant et consommant des restes de nourriture et des débris organiques. Les oursins peuvent brouter sur les roches et les coraux pour se nourrir d'algues. Les étoiles de mer peuvent se nourrir de petits invertébrés et de détritus. Il est important de fournir une alimentation adaptée à chaque espèce pour favoriser leur comportement alimentaire naturel.

- Compétition pour les ressources : Dans un aquarium marin, il peut y avoir une compétition pour les ressources limitées, telles que les cachettes, les surfaces de fixation ou les sources de nourriture. Certains invertébrés peuvent se disputer ces ressources, ce qui peut entraîner des comportements territoriaux ou agressifs. Il est important de prévoir suffisamment d'espace et de ressources pour éviter les conflits et le stress.

- Dépendance mutuelle : Certains invertébrés marins dépendent étroitement les uns des autres pour leur survie. Par exemple, certaines espèces de crevettes gobies ont une relation symbiotique où la crevette creuse et entretient un terrier, offrant une protection au gobie qui l'alerte en cas de danger. De même, certaines espèces d'étoiles de mer peuvent jouer un rôle important dans le brassage des sédiments et la filtration de l'eau.

Lorsque vous choisissez des invertébrés pour votre aquarium marin, il est important de considérer leurs interactions potentielles avec d'autres habitants de l'aquarium. Assurez-vous de sélectionner des espèces compatibles qui coexisteront harmonieusement et évitez d'introduire des invertébrés qui pourraient se harceler mutuellement.

4. Compatibilité des espèces et gestion des interactions

Compatibilité des poissons et des coraux

Lors de la création d'un aquarium marin, il est essentiel de choisir des espèces compatibles pour assurer une cohabitation harmonieuse. La compatibilité concerne non seulement les poissons, mais également les coraux et les autres habitants marins que vous souhaitez introduire dans votre aquarium.

Pour associer des poissons et des coraux dans un même aquarium, il est important de prendre en considération leurs besoins spécifiques et leurs comportements respectifs. Certains poissons peuvent être prédateurs envers les coraux et les autres invertébrés, ce qui peut entraîner des dommages, voire la disparition des coraux.

D'autre part, certains coraux peuvent sécréter des toxines ou développer des tentacules agressifs pour se défendre contre les prédateurs, nécessitant ainsi un espace adéquat pour se développer sans être endommagés par les poissons. Il est donc important de sélectionner des espèces de poissons qui ne sont pas connues pour perturber les coraux.

En général, il est recommandé de suivre la règle « poisson d'abord, corail ensuite ». Cela signifie que vous devriez d'abord introduire les poissons dans votre aquarium et leur permettre de s'acclimater avant d'ajouter des coraux. Ainsi, les poissons pourront s'établir et se sentir en sécurité dans leur nouvel environnement, réduisant ainsi les risques de comportements agressifs envers les coraux.

Il est également important de tenir compte de la taille de l'aquarium et de la capacité de chaque espèce à disposer d'un espace suffisant pour se déplacer et se nourrir. Certains poissons ont besoin de zones de nage, tandis que d'autres préfèrent se cacher dans des crevasses ou des grottes. Lorsque vous planifiez la disposition de votre aquarium, tenez compte de la compatibilité des couleurs et des formes entre les coraux, car certains coraux peuvent se développer rapidement et étouffer d'autres espèces plus fragiles.

La compatibilité des espèces dans un aquarium marin ne se limite pas aux poissons et aux coraux. Il est également important de prendre en compte la compatibilité avec d'autres invertébrés tels que les crevettes, les anémones et les oursins. Certaines espèces peuvent être agressives envers les autres, tandis que d'autres peuvent vivre en harmonie.

Gestion des comportements territoriaux et agressifs

Dans un aquarium marin, tout comme dans la nature, il est fréquent d'observer des comportements territoriaux et agressifs chez certains habitants marins. Ces comportements peuvent être naturels et font partie de l'instinct de survie et de la hiérarchie sociale des espèces. Cependant, il est essentiel de gérer ces comportements pour maintenir un environnement harmonieux pour tous les habitants de l'aquarium.

Certains poissons peuvent être très territoriaux et défendre leur espace contre les autres. Pour gérer ces comportements territoriaux, il est important de fournir des cachettes et des zones de refuge adéquates, permettant aux poissons de se retirer et de se sentir en sécurité lorsqu'ils sont harcelés par d'autres habitants. Les roches vivantes, les coraux et les décorations appropriées peuvent créer des espaces séparés et des zones de territoire pour chaque poisson.

Il est également possible de choisir des espèces de poissons connues pour être compatibles et moins agressives.

La gestion des conflits peut également nécessiter des ajustements dans les paramètres de l'eau ou l'introduction de nouveaux habitants marins qui peuvent agir comme des médiateurs ou des distracteurs. Par exemple, l'introduction d'un poisson pacifique ou d'une crevette nettoyeuse peut détourner l'agression d'autres poissons, réduisant ainsi les conflits. Il est important de surveiller et de résoudre les conflits potentiels, non seulement entre les espèces, mais aussi au sein d'une même espèce, en intervenant si nécessaire pour maintenir l'équilibre dans l'aquarium.

Les coraux peuvent également avoir des comportements territoriaux, notamment lorsqu'ils cherchent à étendre leur espace. Pour gérer ces comportements territoriaux, il est recommandé de planifier leur placement de manière stratégique en tenant compte de leur potentiel de croissance et de propagation. Il est important de laisser suffisamment d'espace entre les différents coraux pour éviter les conflits territoriaux. En outre, une taille d'aquarium adéquate permettra aux coraux de se développer sans se gêner mutuellement.

En plus des comportements territoriaux, certains habitants marins peuvent être agressifs envers les autres espèces. Il est important d'identifier les agresseurs et de prendre des mesures pour minimiser les dommages. Si un poisson est agressif envers d'autres poissons, il peut être nécessaire de le retirer de l'aquarium ou de le réintroduire à un moment opportun lorsque la dynamique du groupe s'est stabilisée. Dans certains cas, la présence de poissons plus grands et plus territoriaux peut apaiser les comportements agressifs des autres poissons.

Associations bénéfiques entre certaines espèces marines

Dans un aquarium marin, il est courant de rencontrer des problèmes liés aux algues indésirables et aux nuisibles. Une approche intéressante pour gérer ces problèmes est d'exploiter les associations bénéfiques entre certaines espèces marines.

Dans la nature, il existe des interactions symbiotiques où différentes espèces interagissent de manière harmonieuse et se procurent des avantages mutuels. En recréant ces associations dans un aquarium marin, on peut favoriser un équilibre écologique et réduire les problèmes d'algues et de nuisibles.

Un exemple bien connu est l'association entre certains poissons et les crevettes nettoyeuses. Les poissons, tels que les gobies, interagissent avec les crevettes nettoyeuses en se positionnant près d'elles et en leur permettant de retirer les parasites de leur corps. En retour, les crevettes nettoyeuses bénéficient de la nourriture fournie par les débris et les parasites retirés des poissons.

Une autre association bénéfique est celle entre les poissons herbivores et les algues, où les poissons herbivores se nourrissent activement des algues présentes dans l'aquarium, contribuant ainsi à contrôler leur croissance excessive.

Il est important de noter que les associations bénéfiques entre les espèces marines peuvent varier selon les individus et les aquariums. Avant d'introduire de nouvelles espèces, il est crucial d'effectuer des recherches approfondies sur leurs comportements, leurs exigences environnementales et leur compatibilité avec les autres habitants de l'aquarium.

Partie 4 : Mise en pratique

1. La mise en place du bac

Mise en place et entretien de la filtration

Dans cette partie, nous allons aborder un aspect essentiel de l'aquariophilie marine : les systèmes de filtration. Un bon système de filtration est crucial pour maintenir un environnement sain et équilibré pour vos habitants marins. Il aide à éliminer les déchets, à maintenir la qualité de l'eau et à prévenir les problèmes tels que l'accumulation de nitrates et de phosphates.

Comme nous l'avons vu dans la partie 2 de ce livre, dédiée à l'installation de votre aquarium, il existe différents types de systèmes de filtration adaptés à l'aquariophilie marine : biologique, mécanique, chimique, l'écumeur et la décantation. Ces méthodes de filtration travaillent en synergie pour éliminer les déchets et maintenir la qualité de l'eau dans votre aquarium marin. Ils sont généralement intégrés dans un système de filtration complet, qui peut comprendre des compartiments dédiés à chaque type de filtration.

Un système de filtration bien conçu, associé à une maintenance régulière, garantira la propreté et la clarté de l'eau, ainsi que la santé et le bien-être de vos habitants.

L'entretien régulier des filtres et des médias filtrants est essentiel pour assurer leur efficacité dans l'élimination des déchets de votre aquarium marin. Une négligence dans cette tâche peut entraîner une détérioration de la qualité de l'eau et compromettre la santé de vos habitants marins.

La fréquence d'entretien des filtres dépend de plusieurs facteurs, tels que la taille de votre aquarium, le nombre d'habitants marins, la quantité de nourriture donnée et la qualité de l'eau. En général, il est recommandé de nettoyer les filtres mécaniques toutes les deux à quatre semaines, tandis que les filtres biologiques doivent être nettoyés beaucoup moins fréquemment, voire jamais, afin de préserver la colonie de bactéries bénéfiques qui y réside.

Le nettoyage des filtres mécaniques implique généralement le retrait des médias filtrants, tels que la mousse, la ouate ou les filtres à cartouche, et leur rinçage à l'eau de l'aquarium ou à l'eau de mer préalablement préparée. Il est important d'éviter d'utiliser de l'eau du robinet, car elle peut contenir des produits chimiques tels que le chlore qui peuvent nuire aux bactéries bénéfiques.

Lorsque vous nettoyez les filtres mécaniques, assurez-vous de retirer uniquement les débris visibles et de ne pas perturber excessivement le matériau filtrant. Cela permet de préserver la colonie bactérienne et d'assurer une filtration continue.

En ce qui concerne les filtres biologiques, il est préférable de ne pas les nettoyer, sauf en cas d'accumulation excessive de débris ou de problèmes de performance. Si vous devez les nettoyer, rincez-les délicatement à l'eau de l'aquarium pour éliminer les débris sans perturber les bactéries bénéfiques. Une méthode courante consiste à prélever une petite quantité d'eau de l'aquarium dans un seau propre, puis à immerger les médias filtrants dans ce seau tout en les rinçant délicatement.

En plus de l'entretien des filtres, il est également important de surveiller régulièrement les paramètres de l'eau pour vous assurer que la filtration fonctionne correctement. Utilisez des kits de test fiables pour mesurer les niveaux d'ammoniac, de nitrites, de nitrates, de pH et d'autres paramètres clés. Si vous remarquez des fluctuations significatives ou des déséquilibres, ajustez les réglages de votre système de filtration ou effectuez des changements d'eau appropriés pour maintenir une qualité d'eau optimale.

Enfin, pour maintenir une filtration efficace, il est essentiel de respecter les recommandations du fabricant concernant le remplacement des médias filtrants. Certains médias filtrants doivent être remplacés régulièrement, tandis que d'autres peuvent être rincés et réutilisés pendant une certaine période. Assurez-vous de vous familiariser avec les spécifications du média filtrant utilisé dans votre système et de suivre les instructions appropriées.

La filtration de l'eau est un processus continu, et il est important de surveiller régulièrement les paramètres de l'eau pour s'assurer que votre système de filtration fonctionne correctement. Des tests réguliers de l'eau, tels que la mesure des niveaux d'ammoniac, de nitrites, de nitrates et de phosphates, vous permettront de détecter tout déséquilibre potentiel et de prendre les mesures nécessaires pour le corriger.

L'éclairage

L'éclairage est l'un des aspects les plus importants de la gestion de l'environnement d'un aquarium marin. Il joue un rôle essentiel dans la croissance et la santé des coraux, ainsi que dans le bien-être général des habitants marins.

Lorsqu'il s'agit de choisir un éclairage pour un aquarium marin, il est crucial de comprendre les besoins spécifiques des coraux et des plantes. Les coraux, par exemple, dépendent de la photosynthèse pour obtenir une partie de leur énergie. Ils ont besoin d'une intensité lumineuse adéquate pour favoriser la croissance des zooxanthelles, les algues symbiotiques présentes dans leurs tissus. Ces zooxanthelles fournissent aux coraux des nutriments essentiels grâce à la photosynthèse.

L'intensité lumineuse est un facteur crucial pour le développement et la santé des coraux et des plantes marines dans un aquarium. Différentes espèces de coraux ont des exigences spécifiques en matière d'intensité lumineuse, et il est essentiel de les comprendre pour fournir un éclairage adéquat.

Certains coraux mous, tels que les champignons coralliens, les coraux cuir et les coraux corne, ont besoin d'une intensité lumineuse relativement faible pour prospérer. Un éclairage d'intensité moyenne à faible peut être suffisant pour ces espèces. Cependant, les coraux durs, tels que les coraux

SPS (Small Polyp Stony) et les coraux LPS (Large Polyp Stony), ont des exigences plus élevées en matière d'intensité lumineuse.

Les coraux SPS sont connus pour leur besoin d'une forte intensité lumineuse. Ils nécessitent souvent des lampes à LED puissantes pour fournir un éclairage adéquat à leurs zooxanthelles symbiotiques. Les coraux LPS, quant à eux, tolèrent généralement une intensité lumineuse légèrement inférieure, mais une intensité moyenne à élevée reste recommandée pour favoriser leur croissance et leur coloration.

Il est important de noter que l'intensité lumineuse doit être adaptée progressivement pour éviter un choc lumineux qui pourrait stresser les coraux. Lors de l'introduction de nouvelles espèces dans l'aquarium, il est préférable de les acclimater à l'éclairage existant pendant une période de temps progressive.

Outre l'intensité, la durée d'éclairage recommandée est également un élément crucial à prendre en compte. En général, il est recommandé de fournir aux coraux un cycle d'éclairage quotidien régulier et cohérent pour imiter les conditions naturelles. Un cycle d'éclairage typique comprend une période de 8 à 10 heures d'éclairage intense, suivie d'une période de quelques heures de faible intensité ou d'obscurité. Cette variation d'intensité lumineuse imite les cycles de lumière naturels dans l'océan, ce qui favorise la santé des coraux et minimise la croissance d'algues indésirables. Il est ainsi recommandé d'utiliser des minuteries pour réguler la durée d'éclairage de votre aquarium. Les minuteries permettent de programmer des cycles réguliers d'éclairage et d'obscurité, imitant ainsi les variations naturelles de la lumière du jour.

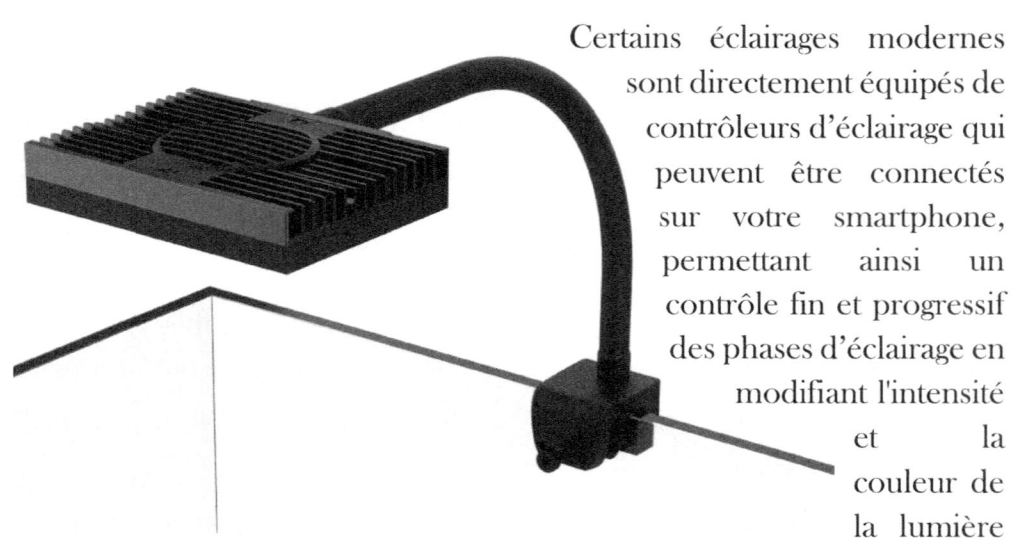

Certains éclairages modernes sont directement équipés de contrôleurs d'éclairage qui peuvent être connectés sur votre smartphone, permettant ainsi un contrôle fin et progressif des phases d'éclairage en modifiant l'intensité et la couleur de la lumière au fil de la journée. Les contrôleurs d'éclairage offrent également la possibilité de créer des effets d'éclairage spectaculaires, tels que des levers et couchers de soleil, des simulations de conditions météorologiques, etc.

Il est important de comprendre que la gestion de l'éclairage dans un aquarium marin ne se résume pas uniquement à l'intensité de la lumière et à la durée d'éclairage. Le spectre lumineux, c'est-à-dire la couleur de la lumière, joue un rôle tout aussi important, voire plus.

La lumière blanche est la lumière du jour par excellence. Elle est équilibrée en termes de spectre lumineux, contenant toutes les couleurs de l'arc-en-ciel en proportions égales. Elle est essentielle pour un aquarium marin car elle reproduit les conditions de l'éclairage naturel que les coraux et les poissons rencontrent dans leur habitat sauvage. Cette lumière blanche, souvent exprimée en Kelvin (**K**), donne une teinte plus naturelle à votre aquarium, ce qui est favorable à la santé des coraux et à l'esthétique générale de l'aquarium.

La lumière bleue, en revanche, est plus proche du spectre de la lumière que vous trouvez dans l'eau de mer à des profondeurs plus importantes. C'est la lumière prédominante en profondeur car les longueurs d'onde plus courtes du bleu pénètrent mieux l'eau que les longueurs d'onde plus longues du rouge. La lumière bleue encourage la photosynthèse chez les coraux symbiotiques et favorise une meilleure coloration chez certains coraux. En outre, elle contribue à créer un effet de "fluorescence" pour certains coraux et poissons, rendant leurs couleurs plus vives et plus dynamiques sous l'eau.

L'association de ces deux types de lumière (blanche et bleue) est cruciale pour reproduire l'environnement naturel marin dans votre aquarium. Un bon équilibre entre les deux vous permettra d'obtenir les meilleurs résultats en termes de croissance et de santé de vos coraux.

De plus, il est à noter qu'une nouvelle tendance est de plus en plus utilisée dans les aquariums. Cette mode qui nous vient des États-Unis consiste à utiliser une lumière très bleue. En offrant ainsi des couleurs et une fluorescence spectaculaires pour les coraux, cela permet d'imiter les profondeurs de l'océan où la lumière bleue prédomine. Mais attention, un excès de lumière bleue peut avoir un impact négatif sur certains coraux qui ne sont pas adaptés à cet environnement.

D'une manière générale, sachez également que si la lumière de votre bac n'est pas correctement maîtrisée, elle peut entraîner des problèmes d'algues indésirables qui peuvent nuire à l'équilibre écologique de votre aquarium. En effet, une des principales causes de prolifération d'algues indésirables est un éclairage excessif ou mal réglé. Lorsque la lumière est trop intense ou lorsque la durée d'éclairage est trop longue, cela peut favoriser la croissance des algues. Les algues sont des organismes photosynthétiques qui utilisent la lumière comme source d'énergie, et un excès de lumière peut stimuler leur croissance de manière incontrôlée.

Pour éviter les problèmes d'algues indésirables, il est essentiel de trouver un équilibre entre l'intensité lumineuse, la durée d'éclairage et les besoins des habitants marins.

De plus, il est important de prendre en compte les besoins spécifiques des habitants marins de votre aquarium en matière d'éclairage. Certains coraux peuvent tolérer des intensités lumineuses plus élevées que d'autres, tandis que certains poissons peuvent préférer des zones plus ombragées.

Chauffage et refroidissement de l'eau

Tout comme pour la filtration et l'éclairage, maintenir une température stable est essentiel pour la santé et le bien-être des habitants marins, car les variations extrêmes peuvent causer du stress et des problèmes de santé. Pour assurer une température optimale dans votre aquarium marin, il est important de mettre en place des systèmes de chauffage adéquats et de surveiller régulièrement la température de l'eau.

Pour mesurer la température de l'eau, il est recommandé d'utiliser un thermomètre submersible fiable. Placez-le dans une zone représentative de votre aquarium, à l'écart des sources de chaleur directes telles que les éclairages ou les pompes de circulation. Assurez-vous de le consulter régulièrement pour surveiller les changements éventuels de température.

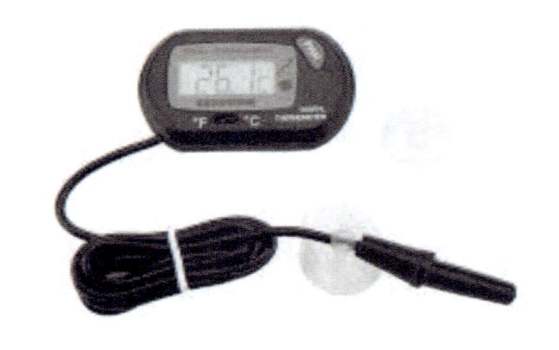

Si vous constatez des fluctuations de température indésirables dans votre aquarium marin, il est important d'ajuster la température de l'eau pour assurer un environnement stable et propice à la santé de vos habitants marins. L'une des solutions les plus courantes pour augmenter la température de l'eau lorsque celle-ci est trop basse est l'utilisation d'un chauffe-eau.

Les chauffe-eau sont des dispositifs spécialement conçus pour chauffer l'eau de l'aquarium. Ils sont disponibles dans différentes puissances pour s'adapter à la taille de votre aquarium et aux besoins spécifiques de vos habitants marins. Il est important de choisir un modèle fiable doté d'un thermostat réglable. Le thermostat permet de maintenir une température constante en activant ou en désactivant le chauffe-eau lorsque la température atteint les seuils prédéfinis.

Lorsque vous choisissez un chauffe-eau, assurez-vous de prendre en compte la capacité de chauffage nécessaire pour maintenir la température souhaitée dans votre aquarium. La capacité de chauffage dépend de la taille de l'aquarium, de la différence de température entre la température ambiante et celle désirée dans l'aquarium, ainsi que de l'isolation de l'aquarium. Consultez les recommandations du fabricant ou demandez conseil à des experts en aquariophilie pour choisir le chauffe-eau adapté à votre aquarium.

Une fois installé, placez le chauffe-eau dans l'aquarium conformément aux instructions du fabricant. Il est généralement recommandé de le placer près d'une zone de circulation d'eau pour une répartition uniforme de la chaleur. Assurez-vous également de le protéger des contacts directs avec les habitants marins pour éviter tout risque de brûlure.

D'autre part, si la température de l'eau dans votre aquarium marin est trop élevée, vous pouvez recourir à des méthodes de refroidissement pour ramener la température à un niveau approprié. Parmi ces méthodes, les ventilateurs de refroidissement sont une option populaire, notamment pour les aquariums de petite taille.

Les ventilateurs de refroidissement fonctionnent en faisant circuler de l'air frais au-dessus de la surface de l'eau de l'aquarium. L'évaporation résultante aide à réduire la chaleur de l'eau. Ces ventilateurs sont conçus pour créer un courant d'air constant et régulier au-dessus de l'aquarium, permettant ainsi une dissipation efficace de la chaleur.

Il existe différents types de ventilateurs de refroidissement sur le marché. Certains modèles sont spécialement conçus pour être fixés à la paroi de l'aquarium, généralement près de la surface de l'eau. Ces ventilateurs sont souvent équipés de pinces réglables qui facilitent leur installation et leur ajustement pour s'adapter à différentes épaisseurs de verre de l'aquarium. D'autres modèles de ventilateurs sont autonomes et peuvent être positionnés près de l'aquarium pour créer le flux d'air nécessaire.

Les ventilateurs de refroidissement présentent plusieurs avantages. Ils sont relativement abordables et faciles à installer. De plus, ils ne nécessitent pas de modifications importantes de l'aquarium ou l'utilisation d'autres équipements complexes. Les ventilateurs de refroidissement sont particulièrement adaptés aux aquariums de petite taille où les fluctuations de température peuvent survenir plus rapidement.

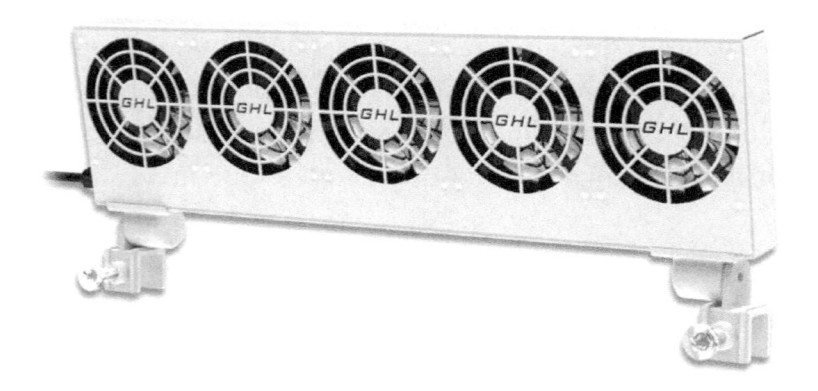

Cependant, il est important de noter que les ventilateurs de refroidissement peuvent ne pas être suffisamment efficaces pour les grands aquariums ou dans les climats où les températures ambiantes sont très élevées. Dans ces cas, des méthodes de refroidissement supplémentaires, telles que l'utilisation de groupes froids ou de refroidisseurs d'eau, peuvent être nécessaires.

Les groupes froids sont des dispositifs plus puissants qui utilisent un compresseur pour refroidir activement l'eau de l'aquarium. Ils fonctionnent en extrayant la chaleur de l'eau et en la rejetant à l'extérieur de l'aquarium. Les groupes froids sont généralement utilisés pour les aquariums de plus grande taille où un refroidissement plus intensif est nécessaire.

Attention toutefois, bien que le groupe froid puisse refroidir efficacement l'eau de l'aquarium, celui-ci fonctionne en transférant la chaleur de l'eau vers l'air ambiant, ce qui peut augmenter la température de la pièce où se trouve l'aquarium. Cet inconvénient peut être plus problématique dans les climats où les températures ambiantes sont déjà élevées. L'efficacité du groupe froid peut être compromise si la température de l'air ambiant est trop proche de celle de l'eau que vous souhaitez refroidir. De plus, la chaleur rejetée par le groupe froid peut également contribuer à une augmentation générale de la température dans la pièce, ce qui peut nécessiter une ventilation adéquate pour éviter toute accumulation de chaleur.

Il est également important de noter que l'utilisation de groupes froids ou de refroidisseurs d'eau peut être plus coûteuse et nécessite une installation plus complexe que l'utilisation de ventilateurs de refroidissement. Ces méthodes sont généralement recommandées pour les aquariums de grande taille ou dans des environnements où les températures ambiantes sont élevées tout au long de l'année.

Lors de l'installation de systèmes de chauffage ou de refroidissement, il est important de choisir des équipements adaptés à la taille et aux besoins de votre aquarium. Consultez les spécifications du fabricant et demandez conseil à des experts en aquariophilie marine si nécessaire pour vous assurer de choisir les bons appareils.

Enfin, en plus d'utiliser des systèmes de chauffage ou de refroidissement, il est essentiel de maintenir une bonne circulation d'air autour de l'aquarium et d'éviter les sources de chaleur excessives. Assurez-vous que votre aquarium est correctement ventilé et éloignez-le de toute source de chaleur directe, telle que la lumière directe du soleil ou les appareils électriques chauds à proximité.

Appareils d'automatisation

En plus des équipements de base tels que la filtration, l'éclairage, le chauffage et le refroidissement de l'eau, il existe des appareils de compléments automatisés qui peuvent faciliter la gestion de votre aquarium marin. Ces appareils sont conçus pour fournir des compléments essentiels tels que l'alimentation, les éléments nutritifs et la stabilisation des paramètres de l'eau.

Les distributeurs automatiques de nourriture sont des dispositifs pratiques qui vous permettent de programmer des horaires précis pour nourrir vos poissons. Ils sont particulièrement utiles lorsque vous êtes absent pendant une période prolongée ou si vous souhaitez maintenir une routine d'alimentation régulière. Ces appareils sont disponibles en différents modèles avec des fonctionnalités variées.

Le fonctionnement des distributeurs automatiques de nourriture est généralement simple. Vous pouvez remplir le réservoir avec une quantité appropriée de nourriture pour la période désirée. Ensuite, vous programmez les heures de distribution selon vos besoins et les besoins de vos poissons. Certains modèles offrent la possibilité de régler la quantité de nourriture distribuée à chaque fois. Il existe également des modèles dotés de fonctions supplémentaires telles que des compartiments pour différents types d'aliments ou des dispositifs anti-humidité pour préserver la qualité des aliments.

Cependant, il est important de prendre en compte certains inconvénients potentiels. Les distributeurs automatiques peuvent mal doser la quantité de nourriture distribuée, ce qui peut entraîner une suralimentation ou une sous-alimentation des poissons. Il est donc crucial de régler le dispositif avec soin et de surveiller attentivement l'appétit et la santé de vos poissons. De plus, certains modèles peuvent nécessiter un entretien régulier pour éviter les obstructions ou les dysfonctionnements.

Outre l'alimentation du vivant, il existe également des appareils permettant d'automatiser l'ajout d'éléments nutritifs essentiels tels que les oligo-éléments, les sels minéraux et les composés chimiques nécessaires à la santé des coraux et des autres organismes marins. Ces appareils, appelés des ballings, offrent un dosage précis et régulier des compléments, ce qui facilite le maintien d'un équilibre chimique optimal dans l'aquarium.

Le fonctionnement des systèmes de balling repose sur le principe de doser les différents éléments nutritifs individuellement à l'aide de pompes péristaltiques. Chaque élément est stocké dans un contenant séparé, et les pompes délivrent les quantités nécessaires selon une programmation spécifique. Certains systèmes de balling sont dotés de capteurs qui mesurent les niveaux de chaque élément dans l'eau, permettant ainsi une adaptation automatique du dosage en fonction des besoins.

Les avantages des systèmes de balling résident dans leur capacité à maintenir un équilibre chimique précis dans l'aquarium. Ils permettent d'apporter les nutriments essentiels de manière régulière et contrôlée, évitant ainsi les fluctuations indésirables. De plus, ces systèmes offrent une grande flexibilité en termes de réglages et de personnalisation en fonction des besoins spécifiques de votre écosystème marin.

Cependant, l'utilisation des systèmes de balling nécessite une compréhension approfondie des besoins spécifiques de votre aquarium et une surveillance régulière des paramètres de l'eau. Il est essentiel de connaître les ratios appropriés des différents éléments nutritifs et de maintenir un suivi précis des niveaux dans l'eau. Une mauvaise utilisation ou une programmation incorrecte peut entraîner un déséquilibre chimique préjudiciable à la santé des coraux et des autres organismes marins.

Avant d'avoir recours à aux systèmes de balling, il est donc essentiel d'être en mesure d'effectuer des ajouts manuels des éléments nutritifs nécessaires afin d'avoir une compréhension totale de ces opérations.

Enfin, nous pouvons également citer les contrôleurs automatiques de paramètres. Il s'agit de dispositifs sophistiqués qui surveillent et ajustent les paramètres clés de l'eau tels que la température, le pH, la salinité et la conductivité. Ces appareils sont dotés de sondes et de capteurs précis qui mesurent en continu les conditions de l'eau. En cas de variation des paramètres au-delà des valeurs prédéfinies, les contrôleurs automatiques peuvent activer des dispositifs de correction pour maintenir la stabilité de l'aquarium. Ils offrent une grande précision et une gestion automatisée des paramètres de l'eau, mais nécessitent une configuration et un étalonnage appropriés.

Techniques d'*aquascaping*

L'*aquascaping* en aquariophilie est un art qui consiste à concevoir et à disposer les éléments décoratifs dans un aquarium afin de recréer visuellement les paysages marins de manière esthétique et équilibrée.

Il s'agit là aussi d'une étape importante à ne pas négliger lors de la mise en place de votre bac. Il est en effet fortement déconseillé de modifier l'agencement de celui-ci une fois le bac mis en eau, en particulier lorsque celui-ci est peuplé, afin d'éviter tout risque de renversement de pierre pouvant occasionner des écrasements accidentels, voir la casse des parois de l'aquarium.

Lorsque vous abordez l'*aquascaping*, il est important de comprendre les principes fondamentaux qui guident la création d'un paysage marin équilibré et esthétiquement plaisant. Tout d'abord, l'utilisation de roches vivantes est essentielle. Les roches vivantes servent de base solide pour la fixation des coraux et des autres éléments décoratifs, tout en offrant des cachettes et des refuges pour les poissons. Choisissez des roches avec des formes intéressantes, des textures variées et des couleurs naturelles, afin de créer des structures qui imitent les récifs coralliens ou les formations rocheuses sous-marines.

En plus des roches vivantes, le sable joue également un rôle important dans la création d'un paysage marin attrayant. Utilisez du sable de corail fin ou du sable marin de qualité pour recouvrir le fond de l'aquarium. Vous pouvez jouer avec différentes épaisseurs de sable pour créer des variations de hauteur et des effets visuels intéressants. Par exemple, vous pouvez créer une plage de sable peu profonde à l'avant de l'aquarium et augmenter progressivement la hauteur du sable vers l'arrière pour donner une impression de profondeur.

Pour ajouter de la structure et de la texture à votre paysage marin, l'ajout de coraux est essentiel. Les coraux viennent dans une variété de formes, de couleurs et de tailles, ce qui vous permet de créer des compositions uniques. Les coraux branchus, tels que les Acropora, peuvent être utilisés pour créer une apparence aérienne et élancée, tandis que les coraux massifs, tels que les Montipora, peuvent ajouter de la structure et de la texture. Placez les coraux de manière stratégique en tenant compte de leur croissance future et de leur compatibilité avec les autres habitants marins.

L'équilibre visuel est également un aspect important de l'*aquascaping* en aquariophilie marine. Vous pouvez créer un équilibre en jouant avec les hauteurs et les profondeurs, en alternant les espaces positifs (ouverts) et les espaces négatifs (fermés), et en utilisant des éléments décoratifs tels que des plantes marines, des grottes ou des surplombs. Par exemple, vous pouvez disposer des roches de différentes tailles pour créer des niveaux et des plateformes, tout en laissant suffisamment d'espace ouvert pour que les poissons puissent nager librement.

N'oubliez pas que l'*aquascaping* est un processus évolutif et que vous pouvez ajuster votre paysage marin au fil du temps en fonction des besoins et des préférences des habitants marins. Il est important de surveiller la croissance des coraux et des plantes marines, ainsi que les interactions entre les habitants marins, afin de maintenir un équilibre visuel et fonctionnel dans l'aquarium.

Pour vous inspirer dans votre démarche d'*aquascaping* en aquariophilie marine, vous pouvez consulter des ressources en ligne, des livres spécialisés et visiter des forums de passionnés. De plus, en observant la nature elle-même, vous pourrez trouver de nombreuses idées pour créer un paysage marin unique dans votre aquarium.

2. Préparation de l'eau de mer

L'importance des changements d'eau réguliers

Dans la gestion d'un aquarium marin, les changements d'eau réguliers jouent un rôle crucial pour maintenir un environnement sain et équilibré pour les habitants marins. L'eau de l'aquarium est soumise à divers processus biologiques et chimiques qui peuvent entraîner des accumulations de substances indésirables, telles que les nitrates, les phosphates et les métabolites toxiques. Les changements d'eau réguliers aident à éliminer ces substances et à prévenir leur accumulation excessive.

Les changements d'eau permettent de diluer les niveaux de polluants et de maintenir des paramètres chimiques stables dans l'aquarium. En retirant une partie de l'eau et en la remplaçant par de l'eau propre, vous réduisez la concentration de substances nocives, ce qui aide à prévenir les problèmes de santé des habitants marins.

De plus, les changements d'eau fournissent des éléments nutritifs essentiels aux coraux et aux autres organismes marins présents dans l'aquarium. L'eau de mer naturelle ou synthétique contient une variété de minéraux et d'oligo-éléments qui sont nécessaires à la croissance et à la santé des coraux. En effectuant des changements d'eau réguliers, vous maintenez un apport constant de ces nutriments vitaux, favorisant ainsi la prospérité des coraux et des autres organismes marins.

Il est recommandé de réaliser des changements d'eau d'environ 10 à 20 % du volume total de l'aquarium toutes les deux à quatre semaines. Cette fréquence peut varier en fonction des besoins spécifiques de votre aquarium, tels que la taille de l'aquarium, le nombre d'habitants et la charge organique. L'utilisation d'eau de mer synthétique de qualité est recommandée pour prévenir l'introduction de contaminants indésirables dans l'aquarium.

La salinité et ses implications pour les espèces marines

L'un des éléments essentiels à prendre en considération lors des changements d'eau est la salinité de l'eau de mer. Celle-ci correspond à la quantité de sel dissous dans l'eau. Comprendre la salinité et ses implications est essentiel pour maintenir un environnement adapté aux espèces marines dans votre aquarium.

L'eau de mer a une salinité moyenne d'environ 35 grammes de sel par litre, soit environ 3,5% de sel. Cette concentration salée est essentielle pour la survie des espèces marines, car elle influence de nombreux processus biologiques et physiologiques.

La salinité élevée de l'eau de mer offre plusieurs avantages aux organismes marins. Tout d'abord, elle fournit un environnement osmotique stable pour les poissons, les coraux et les invertébrés marins. Ces espèces sont adaptées pour maintenir leur équilibre osmotique interne en fonction de la salinité de leur environnement. Une salinité inadéquate peut entraîner des problèmes de santé et de survie pour les organismes marins.

De plus, la salinité de l'eau de mer contribue à la flottabilité des organismes marins. La densité de l'eau de mer est plus élevée que celle de l'eau douce en raison de sa teneur en sel. Cette densité accrue offre un soutien supplémentaire aux poissons et aux coraux, ce qui leur permet de flotter et de se déplacer plus facilement.

Cependant, il est important de noter que certaines espèces marines sont plus sensibles à des variations de salinité. Il est donc crucial de maintenir une salinité constante et appropriée dans votre aquarium marin en surveillant régulièrement les paramètres de l'eau.

L'eau de mer de votre aquarium

La qualité de l'eau de mer est essentielle pour le succès de votre aquarium marin. Cette eau de mer de qualité peut être obtenue de différentes manières, en fonction de vos préférences et de votre disponibilité :

1. Prélèvement dans l'océan : La première possibilité, si vous êtes proche d'une source d'eau de mer naturelle, est de prélever directement l'eau de mer nécessaire à votre aquarium.

2. Achat en animalerie spécialisée : De nombreuses animaleries spécialisées proposent de l'eau de mer prête à l'emploi, spécialement préparée pour les aquariums marins. Cette option est pratique et vous permet d'obtenir rapidement de l'eau de mer de qualité. Veillez à choisir un fournisseur réputé et vérifiez les informations sur l'origine et la préparation de l'eau de mer proposée.

3. Fabrication d'eau de mer synthétique : Une autre option consiste à préparer vous-même de l'eau de mer synthétique en mélangeant du sel marin avec de l'eau douce déchlorée. Cette méthode vous donne un contrôle total sur la

composition de l'eau de mer et vous permet d'ajuster les paramètres selon les besoins de vos habitants marins. Vous pouvez trouver des mélanges de sel marin spécialement conçus pour l'aquariophilie marine dans les animaleries spécialisées. Suivez attentivement les instructions fournies pour obtenir une salinité et des paramètres chimiques appropriés.

Il est important de noter que, quelle que soit la méthode choisie, il est recommandé de filtrer et de préparer l'eau de mer avant de l'introduire dans votre aquarium. La filtration éliminera les impuretés et les contaminants indésirables, garantissant ainsi un environnement sain pour vos habitants marins.

En suivant attentivement les étapes de préparation de l'eau de mer, vous créez les conditions optimales pour maintenir un écosystème marin prospère dans votre aquarium. Prêtez une attention particulière aux besoins spécifiques de vos habitants marins et veillez à maintenir des paramètres de l'eau stables au fil du temps.

Prélever l'eau de mer naturelle

Si vous avez accès à une source d'eau de mer naturelle, comme l'océan, vous pouvez envisager de prélever directement l'eau de mer nécessaire à votre aquarium.

Cela peut être une option intéressante, surtout si vous êtes proche de la côte et que vous pouvez collecter de l'eau de mer de qualité. Cependant, il est important de prendre en compte certains aspects pour assurer la santé et le bien-être de vos habitants marins.

Tout d'abord, assurez-vous de choisir une zone d'océan éloignée de toute pollution potentielle. Évitez les zones côtières où il peut y avoir des rejets d'eaux usées ou d'autres sources de contamination. Il est préférable de collecter l'eau de mer dans des endroits reculés et préservés, loin des zones urbanisées ou industrielles.

Il est également essentiel de se renseigner sur les réglementations locales concernant le prélèvement d'eau de mer. Certaines régions peuvent avoir des règles spécifiques ou des restrictions quant à la collecte d'eau de mer. Renseignez-vous auprès des autorités compétentes pour vous assurer de respecter les lois en vigueur.

De plus, familiarisez-vous avec les besoins spécifiques de vos habitants marins. Certaines espèces peuvent nécessiter une salinité particulière ou des paramètres chimiques spécifiques pour prospérer. Assurez-vous que l'eau de mer que vous prélevez correspond aux exigences de vos poissons, coraux ou invertébrés marins.

Il peut être nécessaire d'ajuster la salinité ou de réaliser des tests pour garantir que les paramètres de l'eau sont adaptés à vos habitants marins.

Enfin, il est important de noter que la collecte d'eau de mer dans l'océan peut introduire des éléments indésirables tels que des parasites ou des contaminants. Avant d'ajouter l'eau de mer à votre aquarium, assurez-vous de filtrer et de traiter l'eau si nécessaire pour éliminer tout organisme nuisible.

Les étapes de fabrication de votre eau de mer

Lorsque vous décidez de fabriquer votre propre eau de mer pour votre aquarium marin, il est important de suivre attentivement les étapes appropriées. Cela garantira que votre eau de mer a les bonnes propriétés chimiques et qu'elle est adaptée aux besoins de vos habitants marins.

Pour obtenir une eau de mer de qualité, il est recommandé d'utiliser de l'eau osmosée comme base. L'eau osmosée est dépourvue de minéraux et d'impuretés, ce qui en fait un bon choix pour créer un environnement marin optimal dans votre aquarium. Vous pouvez obtenir de l'eau osmosée à partir d'un système de filtration approprié disponible dans les animaleries spécialisées ou en installant un dispositif de filtration d'eau osmotique chez vous. Pour cela, reportez-vous à la partie 2 de ce livre.

Une fois que vous disposez de l'eau osmosée, la prochaine étape consiste à ajouter du sel marin spécialement conçu pour l'aquariophilie marine.

Le sel marin est un mélange précis de minéraux et d'éléments essentiels nécessaires à la vie marine. Il est disponible dans différentes marques et peut varier en termes de composition et de qualité.

Lors du choix du sel marin, il est important de prendre en compte certains facteurs. En effet, certains sels marins sont formulés spécifiquement pour des types d'aquariums particuliers, tels que les récifs coralliens, tandis que d'autres conviennent à une utilisation plus générale. Vérifiez les indications et les recommandations du fabricant pour choisir un sel marin adapté à vos besoins. Certains sels marins sont enrichis en additifs, tels que des vitamines, des oligo-éléments ou des agents tampons, qui peuvent contribuer à maintenir des conditions idéales dans votre aquarium. Cependant, il est important de noter que l'utilisation d'additifs peut varier en fonction des besoins spécifiques de votre écosystème marin.

Lors de l'ajout du sel marin à l'eau osmosée, suivez attentivement les instructions fournies par le fabricant du sel. Les instructions indiqueront la quantité précise de sel à ajouter en fonction du volume d'eau osmosée utilisé. Il pourra alors être utile d'utiliser une balance suffisamment précise, comme une balance de cuisine, pour réaliser votre dosage. Il est crucial de respecter les proportions recommandées pour maintenir des paramètres chimiques stables dans votre aquarium.

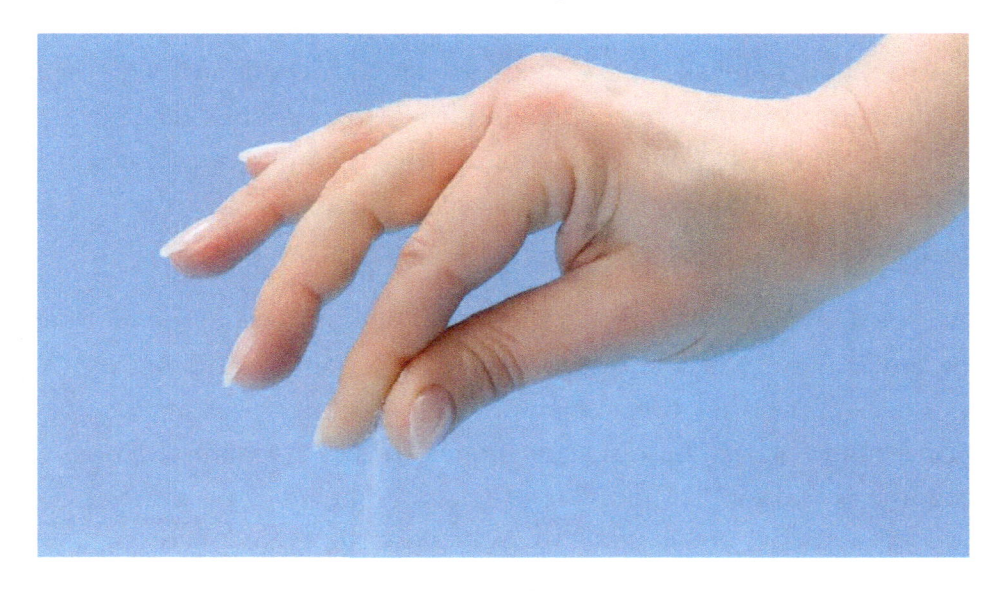

Pour vous assurer d'une dissolution complète du sel marin, il est essentiel de mélanger soigneusement l'eau après son ajout. Pour faciliter cette dissolution, certains sels marins nécessitent une température spécifique. Dans ce cas, il peut être nécessaire d'utiliser un chauffage pour atteindre la température appropriée. Assurez-vous de vérifier les instructions spécifiques fournies avec le sel marin que vous utilisez.

De plus, pour effectuer le mélange de manière adéquate, il est recommandé d'utiliser un contenant suffisamment grand, tel qu'une poubelle propre et dédiée à cet usage. Cela permet d'avoir suffisamment d'espace pour mélanger l'eau et le sel de manière homogène.

Vous pouvez utiliser une pompe de brassage ou un dispositif similaire pour créer un mouvement d'eau dans le contenant, favorisant ainsi une distribution uniforme du sel dans toute l'eau.

Une fois que le sel est complètement dissous, vous pouvez procéder aux étapes suivantes de la préparation de l'eau de mer.

Il convient de noter que certains aquariophiles préfèrent préparer leur propre mélange de sel en utilisant des sels chimiquement purs et en ajoutant eux-mêmes les minéraux nécessaires. Cependant, cette méthode requiert une connaissance approfondie des paramètres de l'eau et peut être plus complexe pour les débutants. Il est recommandé de commencer par utiliser un sel marin commercial de qualité avant d'envisager des préparations personnalisées.

Après avoir ajouté le sel marin, il est important de vérifier les paramètres de l'eau, tels que la salinité, le pH et la température. Utilisez des tests appropriés pour mesurer ces paramètres et assurez-vous qu'ils correspondent aux besoins spécifiques de vos habitants marins. Si les paramètres ne sont pas dans la plage recommandée, vous devrez effectuer des ajustements en ajoutant du sel marin supplémentaire ou de l'eau osmosée pour atteindre les valeurs idéales. Nous détaillerons dans quelques pages les méthodes de réalisation de tests et d'ajustements des paramètres de l'eau.

En suivant ces étapes de fabrication de l'eau de mer, vous pouvez créer un environnement marin adapté à vos habitants marins. Gardez à l'esprit que les besoins en salinité et en autres paramètres peuvent varier d'une espèce à l'autre, il est donc important de consulter les références appropriées pour obtenir des informations spécifiques à vos poissons, coraux ou invertébrés marins.

Les techniques pour effectuer un changement d'eau

Maintenant que vous comprenez l'importance des changements d'eau, il est crucial de connaître les techniques appropriées pour les effectuer de manière efficace.

Pour effectuer un changement d'eau, vous aurez besoin du matériel suivant :

- <u>Un tuyau de siphon</u> : Utilisez un tuyau de siphon pour aspirer l'eau du fond de l'aquarium sans déranger les habitants marins ou les coraux.

- <u>Un récipient de collecte</u> : Préparez un récipient propre et réservé exclusivement à la collecte de l'eau retirée de l'aquarium.

- <u>Un seau d'eau de mer</u> : Utilisez un seau propre pour préparer l'eau de mer synthétique et la transporter jusqu'à l'aquarium.

Une fois le matériel préparé, vous allez pouvoir retirer l'eau usée de votre bac : placez une extrémité du tuyau de siphon dans le récipient de collecte et l'autre extrémité dans l'aquarium. Aspirez doucement l'eau du fond de l'aquarium en veillant à ne pas déranger les habitants marins ou les coraux. Vous pouvez ajuster le débit en modifiant la hauteur du tuyau de siphon dans le récipient de collecte. Retirez environ 10 à 20 % du volume total de l'aquarium.

Une fois que vous avez retiré l'eau usée, préparez un seau d'eau de mer synthétique fraîchement mélangée. Utilisez un autre tuyau de siphon ou un gobelet pour ajouter doucement l'eau de mer synthétique dans l'aquarium. Si votre équipement est équipé d'une décantation placée sous le bac principal, vous pouvez simplement verser l'eau préparée à l'intérieur, la pompe de remontée se chargera alors de répartir l'eau dans les bacs. Veillez à maintenir une température et une salinité appropriées lors de l'ajout de l'eau. Remplissez l'aquarium jusqu'à ce que le niveau d'eau atteigne celui d'origine.

Après avoir effectué le changement d'eau, surveillez attentivement les paramètres de l'eau tels que la salinité, le pH et la température. Utilisez des tests appropriés pour vérifier ces paramètres et ajustez-les si nécessaire. Il est important de maintenir la stabilité des paramètres de l'eau pour assurer la santé et le bien-être des habitants marins.

Maintenant, vous devez vous demander où évacuer l'eau prélevée lors du changement d'eau ? Il est essentiel de prendre des précautions pour s'assurer que l'eau est évacuée de manière appropriée, en évitant de causer des dommages à l'environnement.

Voici quelques options pour l'évacuation de l'eau prélevée :

- Égout : L'évacuation de l'eau dans les toilettes ou dans l'évier est une option courante. Cependant, il est important de vérifier les réglementations locales et de s'assurer que l'eau ne contient pas de produits chimiques ou de substances nocives.

- Canalisation : Si vous disposez d'un système de plomberie adapté, vous pouvez évacuer l'eau dans les canalisations domestiques. Assurez-vous de choisir une sortie appropriée, comme un évier, un lavabo ou une baignoire, et évitez les évacuations qui pourraient entraîner des dommages ou des obstructions.

- Arrosage des plantes : Dans certaines situations, vous pouvez utiliser l'eau prélevée pour arroser les plantes d'intérieur ou d'extérieur. Cependant, assurez-vous que l'eau ne contient pas de produits chimiques ou de substances nocives qui pourraient endommager les plantes.

Il est essentiel d'éviter de déverser l'eau de l'aquarium directement dans la nature, comme les ruisseaux, les lacs ou les cours d'eau, car cela pourrait perturber les écosystèmes naturels locaux.

Quelle que soit l'option d'évacuation choisie, veillez à ce que l'eau prélevée ne contienne pas de produits chimiques, de médicaments ou d'autres substances potentiellement nuisibles pour l'environnement. Si vous utilisez des produits chimiques ou des médicaments dans votre aquarium, consultez les autorités locales ou les centres de recyclage pour obtenir des conseils sur l'élimination appropriée de ces produits.

3. Maîtrise de la qualité de l'eau

Stabilité des paramètres de l'eau

Dans un aquarium marin, maintenir des paramètres de l'eau stables est crucial pour la santé et le bien-être des habitants marins. En plus de la salinité que nous venons d'aborder, d'autres paramètres clés sont à surveiller, comme le taux de nitrites, le pH, la dureté et la température de l'eau. Comprendre ces variations et leur impact sur les espèces marines vous aidera à maintenir un environnement optimal dans votre aquarium.

Tout d'abord, l'un des paramètres essentiels à suivre est le taux de nitrites présent dans l'eau de votre bac. En effet, comme nous l'avons vu dans le chapitre dédié au cycle de l'azote, les nitrites naissent de la décomposition des déchets organiques dans l'aquarium. Ces composés azotés toxiques peuvent être dangereux pour les poissons et autres habitants marins. Il est donc crucial de maintenir des niveaux de nitrites bas dans votre bac pour assurer leur santé et leur bien-être. En surveillant régulièrement les niveaux de nitrites à l'aide de tests appropriés, vous pouvez détecter toute augmentation anormale et prendre les mesures nécessaires pour corriger le déséquilibre. Cela peut inclure l'ajout de bactéries bénéfiques pour convertir les nitrites en nitrates moins nocifs, ainsi que des changements d'eau réguliers et une gestion appropriée de la population et de l'alimentation des habitants de votre aquarium.

D'autre part, le pH de l'eau mesure son acidité ou son alcalinité. Dans un aquarium marin, le pH idéal varie généralement entre 8,1 et 8,4. Des variations significatives du pH peuvent avoir des effets néfastes sur les habitants marins, perturbant leur équilibre osmotique, leur système immunitaire et leur capacité à utiliser les nutriments. Les coraux en particulier sont sensibles aux variations du pH et peuvent souffrir de blanchissement ou de détérioration si le pH n'est pas correctement contrôlé.

La dureté de l'eau fait référence à sa concentration en minéraux, en particulier le calcium et le magnésium. Les coraux et d'autres organismes marins dépendent de la disponibilité de ces minéraux pour construire leur squelette ou leur structure. Une dureté inadéquate peut entraîner une croissance altérée des coraux et une santé compromise pour d'autres espèces. Il est recommandé de maintenir une dureté de l'eau appropriée en utilisant des suppléments minéraux et en surveillant régulièrement les niveaux.

La température de l'eau est également un facteur crucial dans un aquarium marin. La plupart des espèces marines préfèrent une plage de température spécifique, généralement entre 24°C et 27°C. Des températures trop élevées ou trop basses peuvent causer du stress, altérer le métabolisme et affaiblir le système immunitaire des poissons, des coraux et d'autres habitants marins. Utilisez un thermomètre fiable pour surveiller la température de l'eau et ajustez-la si nécessaire à l'aide d'un chauffage ou d'un refroidissement approprié.

Il est important de noter que les paramètres que sont le pH, la dureté et la température sont interdépendants et peuvent affecter les uns les autres. Par exemple, un pH élevé peut influencer la capacité de l'eau à maintenir une dureté adéquate, tandis qu'une température élevée peut altérer le pH de l'eau. Par conséquent, il est essentiel de surveiller régulièrement ces paramètres et de les ajuster si nécessaire pour maintenir un équilibre optimal.

Pour contrôler et ajuster ces paramètres, vous pouvez utiliser divers équipements et produits disponibles sur le marché de l'aquariophilie marine. Des produits tampons sont disponibles pour ajuster le pH de l'eau, des suppléments de calcium et de magnésium peuvent être utilisés pour maintenir une dureté appropriée, et des dispositifs de chauffage et de refroidissement peuvent être utilisés pour réguler la température.

Une bonne pratique consiste à garder une trace régulière des mesures en les enregistrant dans un journal ou en utilisant des applications spécialisées. Cela vous permettra de détecter rapidement les variations et les tendances, d'ajuster les paramètres en conséquence et d'assurer un environnement stable pour vos habitants marins.

Importance des tests réguliers

Comme nous venons de le voir, pour maintenir un équilibre écologique sain dans votre aquarium marin il est essentiel de réaliser des tests réguliers des paramètres de l'eau. Ils vous permettent de surveiller les paramètres de l'eau, tels que le pH, la salinité, les nitrites, les nitrates et autres composés chimiques, qui jouent un rôle crucial dans la santé et le bien-être de vos habitants marins.

En comprenant l'importance de ces tests, vous pouvez détecter rapidement tout déséquilibre ou variation des paramètres de l'eau, ce qui vous permettra d'intervenir rapidement et d'apporter les ajustements nécessaires pour maintenir un environnement favorable à la vie marine.

Les tests réguliers fournissent une indication précise de l'état de votre aquarium et de la qualité de l'eau. Ils vous aident à identifier les problèmes potentiels avant qu'ils ne deviennent graves. Par exemple, un test de pH régulier vous permettra de détecter toute acidité ou alcalinité excessive qui pourrait nuire à vos habitants marins. De même, un test de salinité vous permettra de vous assurer que la concentration de sel dans l'eau est adaptée aux espèces que vous maintenez.

En fonction des résultats des tests, vous pourrez prendre des mesures correctives appropriées. Par exemple, si le pH est trop élevé, vous pourrez ajuster la dureté de l'eau pour le ramener à un niveau optimal. Si la salinité est trop basse, vous pourrez ajouter du sel marin pour la corriger. Les tests réguliers vous permettent de garder votre aquarium dans les conditions idéales pour la santé et le bien-être de vos habitants marins.

Pour effectuer les tests, vous pouvez utiliser des kits de tests spécialement conçus pour l'aquariophilie marine sous plusieurs formes que nous découvrirons juste après. Ces kits sont généralement faciles à utiliser et fournissent des résultats précis. Vous pouvez tester les différents paramètres de l'eau à des intervalles réguliers, en suivant les instructions fournies avec les kits.

Une fois que vous avez effectué les tests, il est important d'analyser et d'interpréter les résultats. Référez-vous aux paramètres « types » pour un aquarium marin, tels que la température idéale et sa stabilité, la salinité optimale, le pH idéal, et les autres paramètres clés à surveiller. Comparez les résultats de vos tests avec ces valeurs recommandées et identifiez les écarts éventuels.

Présentation des différents types de tests

Maintenant que nous venons de voir l'importance d'effectuer des tests de votre eau de manière régulière, voyons quels sont les différents types de tests à votre disposition.

Tout d'abord, nous pouvons trouver des tests à bandelettes. Il s'agit d'une méthode courante et pratique pour mesurer les paramètres de base de l'eau, tels que le pH, la salinité, les nitrates, les nitrites, et d'autres composés chimiques importants. Ils sont largement disponibles dans les animaleries et sont souvent inclus dans les kits de test de base pour les aquariophiles marins.

L'utilisation des tests à bandelettes est simple et rapide. Il vous suffit de tremper une bandelette réactive dans l'eau de votre aquarium pendant quelques secondes, puis de la retirer et de la secouer légèrement pour enlever l'excès d'eau. Ensuite, vous comparez les couleurs obtenues sur les zones réactives de la bandelette aux échelles de couleur fournies dans le kit de test. Ces échelles indiquent les valeurs correspondantes des différents paramètres mesurés.

Les tests à bandelettes présentent certains avantages, notamment leur facilité d'utilisation et leur prix abordable. Ils offrent une méthode rapide pour obtenir une estimation approximative des paramètres de l'eau de votre aquarium marin. Cependant, il est important de noter que ces tests peuvent parfois manquer de précision et de fiabilité dans la mesure des paramètres. Les couleurs obtenues peuvent être subjectives et difficiles à interpréter avec précision, en particulier lorsque les variations sont subtiles.

Par conséquent, les tests à bandelettes peuvent être considérés comme une première étape pour une évaluation rapide de la qualité de l'eau, mais ils ne doivent pas être utilisés comme une mesure précise des paramètres. Si vous recherchez une précision plus élevée et une évaluation plus fiable, il est recommandé d'utiliser d'autres méthodes de test, telles que les tests en gouttes, qui offrent une meilleure précision et une meilleure fiabilité.

Ces tests en gouttes permettent en effet d'obtenir une méthode plus précise pour mesurer les paramètres de l'eau. Ils utilisent des réactifs liquides spécifiques et des compte-gouttes pour réaliser les tests. Vous devez ajouter un certain nombre de gouttes de réactif dans un échantillon d'eau, puis observer le changement de couleur pour déterminer la concentration du paramètre mesuré. Les tests en gouttes offrent une meilleure précision, ce qui les rend idéaux pour des mesures plus délicates et précises.

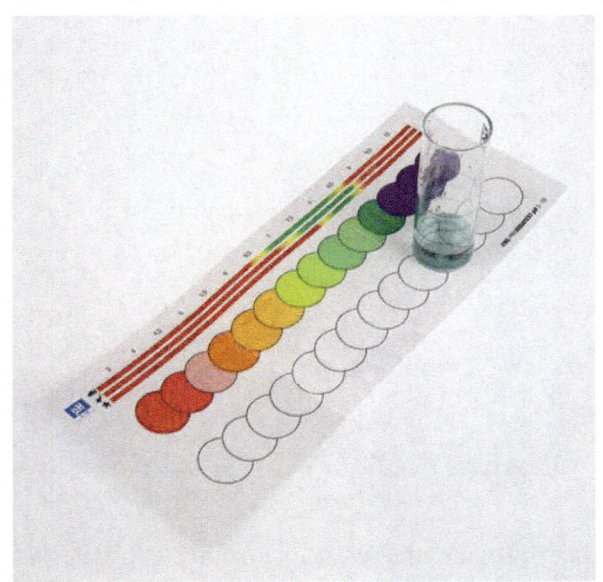

Viennent ensuite les tests électroniques, lesquels sont de plus en plus populaires dans l'aquariophilie marine. Ils utilisent des sondes électroniques pour mesurer les paramètres de l'eau, tels que le pH, la conductivité et la température. Les résultats sont affichés sur un écran numérique, ce qui facilite la lecture et l'interprétation des mesures. Les tests électroniques offrent une grande précision et rapidité, mais ils peuvent être plus coûteux que les autres méthodes.

Enfin, les tests en laboratoire sont la méthode la plus précise et la plus complète pour évaluer les paramètres de l'eau. Ils impliquent généralement de prélever un échantillon d'eau de l'aquarium et de l'envoyer à un laboratoire spécialisé pour analyse. Les résultats obtenus fournissent une vision détaillée de la composition chimique de l'eau et sont souvent accompagnés de recommandation sur les actions à mettre en place pour améliorer la qualité de l'eau de mer. Les tests en laboratoire sont particulièrement recommandés pour les aquariums de grande taille ou pour des analyses approfondies.

Il est important de choisir la méthode de test qui convient le mieux à vos besoins et à votre budget. Si les tests à bandelettes sont à éviter, les tests en gouttes peuvent être pratiques pour une utilisation quotidienne, tandis que les tests électroniques et les tests en laboratoire sont recommandés pour ceux qui recherchent une précision maximale.

N'oubliez pas que la régularité des tests est essentielle pour surveiller l'équilibre écologique de votre aquarium marin.

Enregistrement et suivi des relevés

Pour assurer un suivi précis de l'écosystème marin de votre aquarium, il est fortement recommandé de tenir un journal des relevés. Ce journal vous permettra de consigner et d'analyser les résultats de vos tests, ainsi que de suivre les changements et les tendances au fil du temps. Voici pourquoi il est important de tenir un journal des relevés et comment le faire efficacement :

1. <u>Suivi des tendances</u> : Le journal des relevés vous permet de garder une trace des valeurs mesurées lors de chaque test. Cela vous permet de repérer les variations et les tendances au fil du temps. Par exemple, si vous constatez une augmentation progressive des niveaux de nitrites, vous pourrez prendre des mesures préventives avant que la situation ne devienne critique. La tenue d'un journal vous permet de détecter les changements anormaux et de réagir rapidement.

2. <u>Détection des problèmes</u> : En analysant régulièrement les résultats de vos tests, vous pouvez identifier les problèmes potentiels avant qu'ils ne nuisent à vos habitants marins. Par exemple, si vous remarquez une baisse de la salinité dans votre aquarium, vous pourrez prendre des mesures pour rétablir rapidement un niveau optimal. Le journal des relevés facilite la détection précoce des déséquilibres et vous permet d'intervenir de manière proactive.

3. <u>Ajustements et corrections</u> : Le journal des relevés vous aide à établir des liens entre les paramètres de l'eau et les actions

que vous entreprenez dans votre aquarium. Par exemple, si vous remarquez une augmentation des nitrites, vous pourrez consulter les relevés précédents et voir si des changements dans la filtration, l'alimentation ou d'autres facteurs ont pu contribuer à cette augmentation. Cela vous permet de prendre des décisions éclairées et d'ajuster les paramètres en conséquence.

4. <u>Suivi des actions et des résultats</u> : En enregistrant les actions que vous entreprenez pour corriger les déséquilibres, vous pouvez évaluer leur efficacité. Par exemple, si vous ajustez la salinité de l'eau, vous pourrez suivre l'impact de cette mesure sur les relevés ultérieurs. Cela vous permet d'apprendre de vos expériences et d'affiner vos pratiques d'entretien de l'aquarium.

Pour tenir un journal des relevés, vous pouvez utiliser un cahier dédié, un fichier électronique ou même une application spécifique pour les aquariums. Notez les résultats de chaque test, y compris les valeurs mesurées, la date, l'heure et les actions que vous avez entreprises en réponse aux résultats. Vous pouvez également inclure des observations supplémentaires, telles que les comportements des habitants marins ou les changements dans l'apparence de l'aquarium.

Gestion efficace du temps

L'aquariophilie marine est une passion qui nécessite un engagement régulier et un bon sens de l'organisation pour maintenir un environnement marin sain et prospère. Dans cette section, nous aborderons des conseils pratiques pour gérer efficacement votre temps et l'entretien de votre aquarium, vous permettant ainsi de profiter pleinement de votre expérience aquariophile.

La planification d'un calendrier d'entretien régulier est essentielle pour maintenir la stabilité de votre aquarium marin. En vous référant aux parties précédentes, vous pourrez déterminer la fréquence à laquelle vous devez effectuer des tests de qualité de l'eau et des ajustements nécessaires. Par exemple, la mesure régulière de la température, de la salinité, du pH et d'autres paramètres clés permettra de détecter rapidement tout déséquilibre et de prendre des mesures correctives avant qu'il ne devienne problématique.

Une astuce pour minimiser le temps consacré à l'entretien quotidien est de mettre en place des routines efficaces. Par exemple, vous pouvez planifier des périodes spécifiques pour nourrir les habitants marins, effectuer les changements d'eau, nettoyer les filtres et vérifier les paramètres de l'eau.

L'organisation et l'optimisation des tâches liées à l'aquariophilie marine sont essentielles pour maintenir un fonctionnement fluide de votre aquarium. Vous pouvez utiliser des outils tels que des calendriers, des listes de contrôle ou des applications de gestion d'aquarium pour vous aider à suivre et à planifier vos activités. Bien entendu, et comme nous venons de le voir, vous pouvez tenir un journal d'observation pour enregistrer les mesures, les observations et les ajustements effectués, ce qui facilitera l'analyse et l'interprétation des données à long terme.

L'importance de la cohérence et de la régularité dans les soins de l'aquarium ne peut être sous-estimée. Les habitants marins, tels que les poissons et les coraux, bénéficient d'une routine stable et prévisible. Par conséquent, veillez à respecter les horaires de nourrissage réguliers et à maintenir une régularité dans vos procédures d'entretien.

Pour illustrer cela, imaginez votre aquarium comme un écosystème vivant qui fonctionne de manière harmonieuse lorsque chaque élément est en place et suit un rythme cohérent. Lorsque vous maintenez une routine d'entretien constante, vous créez un environnement stable et rassurant pour les habitants marins, favorisant leur santé et leur bien-être.

Les paramètres "types" pour un aquarium marin

Voici un exemple de tableau de synthèse pour les paramètres clés d'un aquarium marin :

Paramètre	Plage de valeurs idéales	Conséquences d'un déséquilibre
Température	25-28°C	Fluctuations de température, stress pour les habitants marins
Salinité	1,022-1,026 ppt	Adaptation difficile des habitants marins, stress osmotique
pH	8,1-8,4	Variations du pH, stress pour les habitants marins
Ammoniac	Indétectable	Intoxication, détérioration de la qualité de l'eau
Nitrites	Indétectable	Intoxication, détérioration de la qualité de l'eau
Nitrates	<10-20 ppm	Croissance excessive d'algues, problèmes de qualité de l'eau
Dureté	8-12 dKH	Instabilité du pH, croissance des coraux compromise

Il est important de noter que ces plages de valeurs sont données à titre indicatif et peuvent varier légèrement en fonction des espèces spécifiques que vous maintenez dans votre aquarium marin. Il est toujours recommandé de consulter des ressources spécialisées ou de demander conseil à des experts en aquariophilie pour des recommandations plus précises et adaptées à votre situation particulière.

4. L'introduction de vos habitants marins

L'acclimatation des poissons

Lorsque vous achetez des poissons en animalerie ou en ligne, ils sont généralement conditionnés dans des sacs contenant de l'eau de leur environnement d'origine, ainsi que de l'air ou de l'oxygène pour les transports plus longs. Pendant le transport, les paramètres de l'eau tels que la température, le pH et l'ammoniac peuvent fluctuer. Il est donc essentiel de rééquilibrer ces paramètres lentement et sans stress pour les poissons.

Pour commencer, éteignez la lumière de l'aquarium afin de créer un environnement sombre qui réduit le stress des poissons et ralentit leur consommation d'oxygène contenu dans le sac de transport.

Ensuite, il est important d'équilibrer la température de l'eau du sac avec celle de l'aquarium. Laissez flotter le sac fermé à la surface de l'aquarium pendant environ 15 à 20 minutes. Cela permettra aux températures de s'égaliser progressivement, évitant ainsi un choc thermique brutal qui pourrait causer du stress ou des maladies ultérieurement.

Une fois la température équilibrée, vous pouvez passer à l'étape d'équilibrage des paramètres physico-chimiques de l'eau. Et pour cela, deux méthodes sont couramment utilisées : la méthode du goutte-à-goutte et la méthode de l'équilibrage manuel des paramètres de l'eau.

Tout d'abord, la méthode du goutte-à-goutte consiste à placer vos animaux dans un seau contenant un minimum d'eau, puis à laisser goutter lentement l'eau de l'aquarium dans celui-ci à l'aide d'un tuyau équipé d'un robinet permettant de régler un débit très faible permettant ainsi aux paramètres de l'eau de s'ajuster progressivement. L'avantage de cette méthode est qu'elle permet un ajustement précis et en douceur des paramètres de l'eau, réduisant ainsi le stress pour les poissons. Cependant, elle peut être assez lente, nécessitant parfois plusieurs heures pour compléter le processus d'acclimatation pouvant ainsi perturber la température de l'eau du seau. De plus, cette méthode nécessite une surveillance continue pour s'assurer que le débit d'eau est approprié.

D'un autre côté, la méthode de l'équilibrage manuel implique l'ajout progressif de petites quantités d'eau de l'aquarium dans le sac de transport, toujours placé dans l'eau du bac à intervalles réguliers. Cela se fait en ajoutant environ un tiers du volume d'eau de l'aquarium toutes les 10 minutes jusqu'à ce que le volume d'eau du sac soit doublé. Cette méthode est plus rapide que le goutte-à-goutte et plus facile à mettre en œuvre, car il suffit de verser l'eau directement dans le sac de transport. Cependant, il est essentiel de surveiller attentivement le processus pour éviter tout changement brusque des paramètres de l'eau, ce qui pourrait causer du stress aux poissons.

Il convient de noter que la méthode du goutte-à-goutte a longtemps été recommandée par les spécialistes de l'aquariophilie en raison de son ajustement précis et lent des paramètres de l'eau. Cependant, ces dernières années, certains spécialistes remettent en question son efficacité en raison de certaines considérations. Par exemple, le processus du goutte-à-goutte peut prendre beaucoup de temps, prolongeant ainsi la période d'acclimatation et augmentant le risque de stress pour les poissons ainsi que la modification de la température obtenue lors de la première étape de l'acclimatation. De plus, il peut être difficile de maintenir un débit constant et régulier lors du goutte-à-goutte, ce qui peut rendre le processus moins précis qu'espéré.

En fin de compte, le choix entre le goutte-à-goutte et l'équilibrage manuel dépendra des préférences individuelles et des besoins spécifiques de l'aquarium. Les deux méthodes ont leurs avantages et inconvénients, et il est important de prendre en compte les paramètres de l'eau, le temps disponible et le niveau de stress potentiel pour les poissons. Quelle que soit la méthode choisie, l'essentiel est d'effectuer l'acclimatation de manière prudente et progressive, en surveillant attentivement les poissons pour détecter tout signe de stress ou d'inconfort.

À la fin de cette étape, les paramètres de l'eau seront pratiquement identiques à ceux de l'aquarium. Il est maintenant temps d'introduire les nouveaux habitants. Il est déconseillé d'introduire les poissons dans l'aquarium avec l'eau de transport, car cela pourrait introduire des germes pathogènes dans votre environnement aquatique. Il existe deux méthodes courantes pour introduire les poissons dans l'aquarium :

1. Attrapez les poissons avec une petite épuisette à partir du sac de transport et déposez-les directement dans l'aquarium. Cependant, cette méthode peut être difficile et stressante, surtout si les sacs sont volumineux.

2. Utilisez une épuisette au-dessus d'un seau et versez le contenu du sac, y compris les poissons, dans l'épuisette. Cette méthode permet de récupérer rapidement les poissons et de les introduire directement dans l'aquarium, réduisant ainsi le stress au minimum.

Après l'introduction des poissons, il est recommandé de rallumer progressivement la lumière de l'aquarium. Vous pouvez commencer par une luminosité plus faible pendant les premières heures, puis augmenter progressivement l'intensité lumineuse sur une période de quelques jours. Cela permet aux poissons de s'habituer en douceur à l'éclairage et de minimiser le stress lié à un changement soudain d'intensité lumineuse.

En ce qui concerne l'alimentation, il est généralement conseillé de ne pas nourrir les poissons immédiatement après l'acclimatation. Les poissons peuvent être stressés pendant le processus d'acclimatation et peuvent ne pas être prêts à se nourrir immédiatement. Il est préférable de leur laisser un temps de repos et d'adaptation dans leur nouvel environnement avant de commencer à les nourrir. Attendez au moins quelques heures, voire une journée, avant de leur offrir leur premier repas.

L'acclimatation des coraux et autres invertébrés

L'acclimatation des coraux et autres invertébrés marins nécessite également une attention particulière pour assurer leur adaptation réussie à leur nouvel environnement dans l'aquarium. Tout comme pour l'acclimatation des poissons, il est important de prendre en compte les fluctuations des paramètres de l'eau pendant le transport et de rééquilibrer progressivement ces paramètres afin de minimiser le stress.

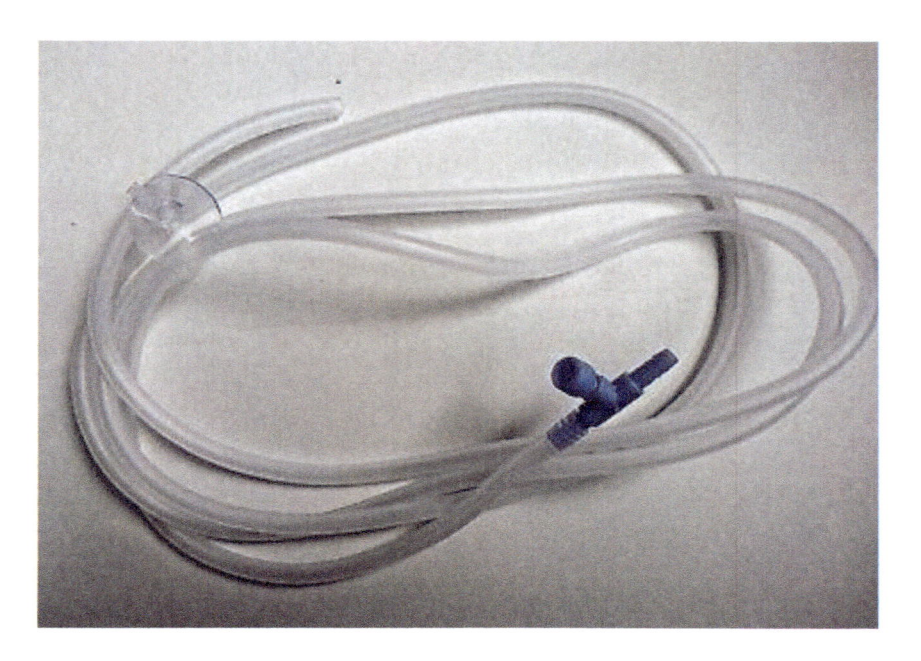

Les méthodes du goutte-à-goutte et de l'équilibrage manuel, que nous avons mentionnées précédemment pour l'acclimatation des poissons, sont également couramment utilisées pour l'acclimatation des coraux et des invertébrés marins.

L'acclimatation des coraux et des invertébrés marins peut également bénéficier de certaines considérations supplémentaires. Tout d'abord, il est important de prendre en compte la lumière et le flux d'eau dans l'aquarium, car ces facteurs jouent un rôle crucial dans la santé et la croissance des coraux. Lors de l'acclimatation, il est recommandé de placer les coraux dans une zone de l'aquarium qui correspond à leurs besoins en termes de luminosité et de flux d'eau. Si nécessaire, vous pouvez ajuster la position des coraux ultérieurement pour assurer une meilleure adaptation.

De plus, certains coraux nécessitent une attention particulière lors de l'acclimatation en raison de leur sensibilité aux changements de paramètres de l'eau. Par exemple, les coraux durs peuvent être plus sensibles à des fluctuations importantes de la salinité ou du pH. Dans de tels cas, il est préférable d'effectuer des ajustements progressifs des paramètres de l'eau pour minimiser le stress sur les coraux.

Une fois les coraux et les invertébrés acclimatés et introduits dans l'aquarium, il est important de surveiller attentivement leur santé et leur bien-être. Observez les coraux pour détecter tout signe de blanchissement, de rétraction excessive des polypes ou de tout autre problème. Si vous remarquez des changements indésirables, il est recommandé de prendre des mesures appropriées, telles que des ajustements des paramètres de l'eau ou une évaluation de la qualité de l'éclairage et du flux d'eau.

Assurez-vous de fournir les conditions d'éclairage, de filtration et de nutrition appropriées pour soutenir leur croissance et leur bien-être dans l'aquarium.

5. Installation et entretien des coraux

Comment fixer les coraux dans l'aquarium

Une fois que vous avez acclimaté avec succès vos coraux, il est essentiel de savoir comment les fixer correctement dans votre aquarium. Une disposition bien pensée et une fixation appropriée permettront aux coraux de s'épanouir et de contribuer à la beauté de votre environnement marin.

Lors de la fixation des coraux, il est important de respecter certaines règles de placement pour assurer leur croissance et leur survie à long terme. Tout d'abord, assurez-vous de prévoir suffisamment d'espace entre les différents coraux afin d'éviter la compétition pour la lumière et les nutriments. Certains coraux ont également besoin de plus d'espace pour se développer pleinement. Prenez en compte la taille adulte prévue de chaque espèce de corail et assurez-vous de leur fournir un espace adéquat pour leur expansion.

De plus, pensez à la compatibilité des espèces de coraux que vous souhaitez placer dans votre aquarium. Certains coraux peuvent sécréter des substances toxiques ou développer des tentacules agressifs qui peuvent nuire à d'autres coraux voisins. Renseignez-vous sur les interactions entre les différentes espèces de coraux et évitez de les placer trop près les uns des autres s'ils ne sont pas compatibles.

Il existe plusieurs méthodes de fixation des coraux dans l'aquarium, chacune adaptée à différentes situations. Une méthode courante consiste à utiliser de la colle spéciale pour coraux, qui est généralement à base de cyanoacrylate et non toxique pour les coraux et les habitants marins. Appliquez une petite quantité de colle sur la base du corail et maintenez-le en place pendant quelques instants jusqu'à ce qu'il soit solidement fixé.

Une autre méthode populaire est l'utilisation de supports en céramique ou en pierre poreuse sur lesquels vous pouvez fixer vos coraux. Ces supports fournissent une surface solide sur laquelle les coraux peuvent se développer et se fixer naturellement au fil du temps. Vous pouvez les disposer stratégiquement dans l'aquarium en les fixant au substrat ou en les plaçant dans des crevasses rocheuses.

Il est également possible d'utiliser des épingles ou des filets métalliques pour maintenir les coraux en place. Insérez doucement les épingles ou les filets dans la roche ou le substrat, puis attachez délicatement les coraux à l'aide de ces supports. Assurez-vous de ne pas endommager les tissus des coraux lors de cette opération et veillez à ce que les épingles ou les filets soient suffisamment solides pour maintenir les coraux en place.

Une fois que les coraux sont correctement fixés dans l'aquarium, il est important de surveiller régulièrement leur santé et de prendre des mesures d'entretien appropriées. Vérifiez régulièrement l'apparition de tout signe de blanchiment, de détérioration des tissus ou de croissance excessive. Si nécessaire, effectuez des ajustements dans l'éclairage, le flux d'eau ou les paramètres de l'eau pour favoriser une croissance saine des coraux.

N'oubliez pas que chaque espèce de corail a des exigences spécifiques en matière de placement, de lumière et de flux d'eau. Référez-vous aux informations spécifiques à chaque espèce pour optimiser les conditions de votre aquarium. En suivant ces conseils et en fournissant un environnement adapté, vous pourrez profiter de la beauté et de la diversité des coraux dans votre aquarium marin.

Gestion et entretien régulier des coraux

Maintenant que vous avez fixé vos coraux dans l'aquarium avec succès, il est crucial de comprendre l'importance de la gestion et de l'entretien régulier pour assurer leur santé et leur croissance optimales. Prendre soin de vos coraux demande de l'attention et de la diligence, mais les résultats en valent la peine lorsque vous pouvez admirer leurs magnifiques couleurs et leurs formes étonnantes.

Une des premières choses à considérer est le nettoyage régulier des coraux. Au fil du temps, des dépôts de sédiments, des algues ou des débris organiques peuvent s'accumuler sur les coraux, ce qui peut entraver leur capacité à absorber la lumière et les nutriments. Utilisez une brosse douce spécialement conçue pour l'aquariophilie marine et nettoyez délicatement la surface des coraux pour éliminer ces accumulations indésirables. Veillez à ne pas endommager les tissus délicats des coraux pendant ce processus.

Outre le nettoyage, il est essentiel de maintenir des conditions d'eau optimales pour les coraux. Faites régulièrement des tests pour surveiller les paramètres de l'eau tels que la salinité, le pH, la température et les niveaux de nutriments. Des écarts importants par rapport aux plages idéales peuvent avoir un impact négatif sur la santé des coraux. Référez-vous à la partie 4 pour plus d'informations sur le suivi et le maintien des paramètres de l'eau dans votre aquarium marin.

Une autre pratique importante est la coupe régulière des coraux. Certains coraux ont en effet tendance à croître rapidement et peuvent devenir envahissants, risquant de nuire à d'autres coraux ou de bloquer la circulation de l'eau. Vous pouvez utiliser des outils spécifiques, tels que des pinces ou des ciseaux, pour couper délicatement les parties excédentaires des coraux. La taille régulière favorise également la formation de nouvelles branches et stimule la croissance saine des coraux.

En parlant de croissance, il est possible que vos coraux se multiplient naturellement au fil du temps. La propagation des coraux peut être une expérience fascinante et gratifiante. Certains coraux, tels que les coraux ramifiés, peuvent être coupés en morceaux plus petits et repositionnés dans l'aquarium pour favoriser la croissance de nouveaux individus. Cependant, il est important de rechercher des informations spécifiques sur chaque espèce de corail, car les méthodes de propagation peuvent varier.

En plus de ces aspects d'entretien régulier, n'oubliez pas d'observer attentivement vos coraux pour détecter tout signe de stress ou de maladie. Une décoloration, un blanchiment ou des tissus endommagés peuvent être des indicateurs de problèmes sous-jacents.

Techniques de coupe et de propagation des coraux

Comme nous venons de le voir, les coraux vont croître plus ou moins rapidement dans votre bac s'ils sont en bonne santé. Il est donc essentiel de connaître les techniques de coupe et de propagation pour maintenir leur santé et favoriser leur croissance. Ces méthodes vous permettront non seulement de contrôler la taille de vos coraux, mais aussi de créer de nouveaux spécimens et d'enrichir la diversité de votre aquarium.

La technique de coupe des coraux est une méthode utilisée pour prélever délicatement une partie du corail existant afin de favoriser la croissance de nouveaux fragments. Pour effectuer cette opération, vous pouvez utiliser des pinces ou des ciseaux spécialement conçus pour l'aquariophilie marine. Avant de commencer la coupe, il est essentiel de bien comprendre la structure du corail que vous souhaitez couper et d'identifier les zones appropriées.

Pour identifier les zones appropriées pour la coupe, examinez attentivement le corail et repérez les parties qui semblent robustes et en bonne santé. Évitez de couper les parties vitales du corail, telles que les tissus mous ou les polypes actifs, car cela compromettrait sa survie. Au lieu de cela, concentrez-vous sur les parties du corail qui présentent une croissance excessive, qui peuvent être encombrantes ou qui nuisent à l'esthétique globale de l'aquarium. En prélevant ces fragments, vous permettez au corail de se régénérer et de continuer à croître de manière saine.

Une fois que vous avez identifié les zones appropriées, procédez à la coupe en utilisant les pinces ou les ciseaux adaptés. Assurez-vous de couper proprement et avec précaution pour minimiser les dommages au corail. Il est également recommandé de désinfecter les outils avant de les utiliser afin de réduire les risques de contamination.

Une fois la coupe effectuée, vous pouvez repositionner les fragments de corail dans différentes zones de l'aquarium. Assurez-vous de choisir des emplacements appropriés qui offrent les conditions idéales pour la croissance des coraux, tels que l'éclairage adéquat et un bon flux d'eau. Vous pouvez fixer les fragments en utilisant des supports spécifiques, tels que des roches ou des grilles adaptées à l'aquariophilie marine, afin de les maintenir en place pendant qu'ils se développent.

Il est important de maintenir les conditions environnementales appropriées, telles que l'éclairage adéquat et la qualité de l'eau, pour assurer le succès de la propagation. Les coraux nouvellement propagés nécessitent une surveillance régulière pour s'assurer de leur adaptation et de leur croissance.

La coupe des coraux permet de contrôler la croissance des coraux pour éviter qu'ils ne deviennent envahissants. De plus, elle permet de créer de nouvelles colonies de coraux, ce qui enrichit la diversité de votre écosystème marin. En utilisant ces techniques, vous pouvez façonner votre aquarium selon votre vision et créer un paysage marin unique et captivant.

N'oubliez pas de prendre en compte les besoins spécifiques de chaque espèce de corail lors de la réalisation de ces techniques. Certains coraux peuvent être plus adaptés à la coupe, tandis que d'autres se prêtent mieux à la propagation. Retournez dans la partie 3 de ce livre pour obtenir des informations détaillées sur les différents types de coraux, leurs conditions requises et leurs techniques de maintenance.

6. Nourrir les habitants

Nourrir les poissons marins

L'alimentation des poissons marins est un aspect essentiel de leur bien-être et de leur santé. Les poissons marins ont des besoins nutritionnels spécifiques qui diffèrent de ceux des poissons d'eau douce. Pour maintenir des poissons marins en bonne santé, il est important de comprendre les différents types d'aliments nécessaires et de leur fournir une alimentation équilibrée.

Lorsqu'il s'agit de nourrir les poissons marins, il existe plusieurs options d'aliments disponibles sur le marché. Ces aliments sont généralement proposés sous diverses formes, chacune ayant ses avantages et ses inconvénients, et il est recommandé de varier l'alimentation pour assurer une nutrition complète.

L'apport en acides aminés, vitamines et oligo-éléments dans l'alimentation des habitants marins est cruciale pour leur santé et leur bien-être. Ces nutriments essentiels jouent un rôle vital dans de nombreux processus biologiques, tels que la croissance, le métabolisme, la reproduction et la résistance aux maladies.

Les acides aminés sont les éléments constitutifs des protéines, qui sont essentielles à la croissance et au développement des poissons, des coraux et des invertébrés marins. Chaque espèce a des besoins spécifiques en acides aminés, et il est important de fournir une alimentation équilibrée contenant une variété d'acides aminés pour répondre à ces besoins. Certains acides aminés, tels que la méthionine et la lysine, sont souvent ajoutés sous forme de compléments alimentaires pour optimiser la croissance et la coloration des coraux et des poissons.

Les vitamines sont des composés organiques nécessaires en petites quantités pour de nombreuses réactions biochimiques dans le corps des habitants marins. Elles jouent un rôle crucial dans le système immunitaire, la croissance cellulaire, la fonction des organes et la reproduction. Les vitamines liposolubles, telles que les vitamines A, D, E et K, sont présentes dans certains aliments marins et peuvent également être fournies par des compléments alimentaires spécifiques. Les vitamines hydrosolubles, telles que la vitamine C et les vitamines B, doivent être régulièrement apportées par une alimentation équilibrée, car elles ne sont pas stockées dans le corps des poissons et des invertébrés marins.

Les oligo-éléments sont des minéraux essentiels nécessaires en très petites quantités pour le bon fonctionnement des habitants marins. Ils agissent comme des cofacteurs enzymatiques et sont impliqués dans de nombreux processus métaboliques et physiologiques.

Pour s'assurer que les habitants marins reçoivent les acides aminés, les vitamines et les oligo-éléments dont ils ont besoin, il est recommandé de diversifier leur alimentation en utilisant différents types d'aliments commerciaux, tels que les paillettes, les granulés, les aliments surgelés et les aliments vivants. L'utilisation de compléments alimentaires spécifiques peut également contribuer à combler les éventuels déficits nutritionnels.

Les paillettes et les granulés sont les formes d'aliments les plus couramment utilisées en aquariophilie marine. Ils sont pratiques à utiliser et contiennent généralement un mélange d'ingrédients, tels que des protéines, des lipides, des vitamines et des minéraux, qui répondent aux besoins nutritionnels des poissons marins. Il est important de choisir des paillettes ou des granulés de haute qualité, spécifiquement formulés pour les poissons marins, afin de fournir une alimentation équilibrée.

Les aliments surgelés et congelés offrent une option supplémentaire pour l'alimentation des poissons marins. Ils comprennent des aliments tels que les artémias, les mysis, les krills, les vers de vase et d'autres organismes marins. Ces aliments vivants ou congelés sont particulièrement appréciés des poissons marins, car ils stimulent leur appétit naturel et leur comportement de chasse. Ils constituent également une source de nutriments naturels, tels que les acides gras essentiels et les caroténoïdes, qui favorisent la coloration et la santé des poissons marins.

En plus des aliments commerciaux, il est également possible de préparer des aliments faits maison pour répondre aux besoins spécifiques des poissons marins. Cependant, cela nécessite une bonne connaissance des besoins nutritionnels des poissons marins et une attention particulière à l'équilibre des ingrédients. Les aliments faits maison peuvent être préparés à partir d'ingrédients frais tels que des fruits de mer, des algues, des légumes et des compléments alimentaires adaptés.

Il est essentiel de nourrir les poissons marins avec une alimentation variée et équilibrée pour assurer leur santé et leur vitalité. Une alimentation adéquate contribue également à renforcer le système immunitaire des poissons, ce qui les rend plus résistants aux maladies. Il est recommandé de varier les types d'aliments et de fournir des aliments provenant de différentes sources pour garantir une nutrition complète.

Il convient de noter que la fréquence d'alimentation varie en fonction des espèces de poissons marins et de leur métabolisme. Certains poissons marins peuvent nécessiter plusieurs repas par jour, tandis que d'autres peuvent être nourris tous les deux jours.

Nourrir les coraux et des invertébrés marins

Les coraux et les invertébrés marins ont des besoins nutritionnels spécifiques qui diffèrent de ceux des poissons. La compréhension de ces besoins est essentielle pour assurer leur santé et leur croissance dans un aquarium marin.

En effet, les coraux sont des organismes photosynthétiques qui dépendent principalement de la lumière pour leur nutrition. Ils ont une relation symbiotique avec des microalgues appelées zooxanthelles, qui vivent à l'intérieur de leurs tissus. Les zooxanthelles effectuent la photosynthèse et fournissent aux coraux des glucides, des acides aminés et des lipides essentiels. En retour, les coraux offrent un abri et des nutriments aux zooxanthelles.

Outre la photosynthèse, les coraux ont également besoin d'autres nutriments pour soutenir leur croissance et leur survie. Ils ont besoin de sources de protéines, d'acides aminés, de vitamines, de minéraux et d'oligo-éléments pour maintenir leur métabolisme et développer leurs structures calcaires. Ces nutriments peuvent être obtenus à partir d'une combinaison d'aliments planctoniques, de compléments alimentaires spécifiques pour coraux et de l'eau elle-même.

Les compléments alimentaires pour coraux, tels que les additifs d'acides aminés, de vitamines et de minéraux, sont souvent utilisés pour compléter l'alimentation des coraux. Ces suppléments doivent être dosés avec précision et utilisés conformément aux recommandations du fabricant pour éviter tout déséquilibre chimique. Une utilisation excessive de compléments peut entraîner une pollution de l'eau et des problèmes de qualité de l'eau.

Les invertébrés marins, comme les crevettes, les crabes, les étoiles de mer et les anémones de mer, ont également des besoins nutritionnels spécifiques. Certains invertébrés marins sont herbivores et se nourrissent d'algues et de débris organiques, tandis que d'autres sont carnivores et se nourrissent de proies vivantes ou congelées. Il est essentiel de fournir une alimentation adaptée à chaque espèce d'invertébré pour maintenir leur santé et leur vitalité.

L'alimentation des invertébrés marins peut inclure une variété d'aliments, tels que des paillettes spécifiques pour invertébrés, des granulés, des algues, des planctons, des artémias et des mysis congelés. Il est important de connaître les besoins alimentaires spécifiques de chaque espèce d'invertébré et de leur fournir une alimentation équilibrée.

Il convient de noter que la suralimentation peut être préjudiciable aux coraux et aux invertébrés marins. Un excès de nutriments peut favoriser la croissance d'algues indésirables et d'autres problèmes de qualité de l'eau. Il est donc essentiel de surveiller attentivement l'appétit des invertébrés marins et d'éviter la suralimentation.

Fréquence d'alimentation

La détermination de la fréquence optimale d'alimentation pour les différents habitants marins est essentielle pour maintenir leur santé et leur bien-être. La fréquence d'alimentation peut varier en fonction de plusieurs facteurs, tels que le métabolisme de l'espèce, sa taille, son stade de développement et son comportement alimentaire. En tenant compte de ces éléments, vous pouvez adapter la fréquence d'alimentation pour répondre aux besoins spécifiques de chaque habitant marin.

Pour les poissons marins, il est généralement recommandé de les nourrir une à deux fois par jour. Cependant, il est important de surveiller attentivement leur appétit et d'ajuster la quantité d'aliments en conséquence. Certains poissons peuvent être voraces et manger rapidement tous les aliments disponibles, tandis que d'autres peuvent être plus lents et nécessiter une distribution plus fréquente des repas. En observant attentivement le comportement alimentaire de vos poissons, vous pourrez déterminer la fréquence d'alimentation optimale pour eux.

Lors de la distribution des repas, il est préférable de donner de petites quantités d'aliments à la fois, en veillant à ce que tous les habitants marins aient une chance de se nourrir. Cela évite la suralimentation et permet à chaque habitant marin d'obtenir sa part équitable d'aliments. Les aliments non consommés peuvent rapidement se décomposer et polluer l'eau de l'aquarium, il est donc important de retirer tout excès d'aliments après la période d'alimentation.

Il est important de noter que trop nourrir les habitants marins peut entraîner des problèmes de qualité de l'eau, tels que des niveaux élevés de nitrates et de phosphates, ainsi que des proliférations d'algues indésirables. Une suralimentation peut également causer des problèmes de digestion chez les poissons et provoquer une prise de poids excessive. Il est donc crucial de surveiller l'appétit et l'état de santé des habitants marins, et d'ajuster la quantité et la fréquence d'alimentation en conséquence.

Techniques de distribution des repas

La distribution des repas dans un aquarium marin doit être adaptée aux différents types d'aliments que vous donnez à vos habitants marins. En utilisant les bonnes techniques, vous pouvez vous assurer que chaque espèce reçoit la quantité appropriée de nourriture et que celle-ci est distribuée de manière efficace.

1. <u>Aliments en paillettes ou granulés</u> : Les paillettes et les granulés sont parmi les aliments les plus couramment utilisés en

aquariophilie marine. Ils sont faciles à distribuer et offrent une grande variété de nutriments essentiels. Pour les distribuer, vous pouvez saupoudrer délicatement les paillettes ou les granulés sur la surface de l'eau, en veillant à ce qu'ils se dispersent uniformément dans l'aquarium. Assurez-vous de ne pas en mettre trop à la fois, afin d'éviter tout gaspillage ou accumulation d'aliments non consommés.

2. <u>Aliments surgelés ou congelés</u> : Les aliments surgelés ou congelés, tels que les artémias, les mysis, les krills ou les poissons, sont riches en nutriments et offrent une alimentation proche du régime naturel des habitants marins. Avant de les donner à vos poissons ou à vos coraux, il est important de les décongeler correctement. Vous pouvez les faire tremper dans de l'eau de mer propre et à température ambiante pendant quelques minutes jusqu'à ce qu'ils décongèlent complètement. Ensuite, versez-les dans l'aquarium près des habitants marins, en veillant à ce qu'ils aient tous une chance de se nourrir.

3. <u>Aliments vivants</u> : Certains habitants marins, tels que les poissons mandarins, les gobies ou les anémones, ont besoin d'aliments vivants pour satisfaire leur appétit naturel. Les aliments vivants, tels que les vers de vase, les artémias vivantes ou les copépodes, peuvent être introduits directement dans l'aquarium. Assurez-vous de ne pas en donner trop à la fois, car ils peuvent se reproduire rapidement et entraîner une surpopulation indésirable. Contrôlez attentivement la quantité d'aliments vivants que vous ajoutez à l'aquarium pour éviter les déséquilibres écologiques.

N'oubliez pas de surveiller l'appétit et l'état de santé de vos habitants marins. Certains signes de sous-alimentation ou de suralimentation peuvent indiquer des problèmes de nutrition ou d'équilibre écologique dans l'aquarium. Adaptez la quantité et la fréquence de l'alimentation en fonction des besoins spécifiques de chaque espèce et des recommandations établies dans la partie précédente sur la fréquence d'alimentation.

Les conséquences d'une suralimentation

Il est crucial de surveiller attentivement l'alimentation de vos habitants marins afin d'éviter la suralimentation, qui peut entraîner des conséquences néfastes sur la santé de vos poissons et coraux, ainsi que sur la qualité de l'eau de votre aquarium marin.

La suralimentation se produit lorsque vous fournissez à vos habitants marins une quantité excessive de nourriture, ce qui entraîne un excès de déchets et de nutriments dans l'aquarium. Certains signes de suralimentation chez les poissons comprennent une prise de poids excessive, des excréments abondants et une apparence gonflée. Chez les coraux, vous pouvez observer une croissance excessive de tissus mous ou d'algues indésirables.

Les conséquences de la suralimentation vont au-delà des problèmes de santé de vos habitants marins. Les excès de nourriture non consommée se décomposent dans l'aquarium, augmentant ainsi la charge en nitrates et en phosphates. Cela peut entraîner une prolifération d'algues indésirables, compromettant l'esthétique de votre aquarium et pouvant même étouffer vos coraux. De plus, une dégradation de la qualité de l'eau peut entraîner une baisse de l'oxygène dissous, mettant ainsi en péril la vie des habitants marins.

Pour éviter la suralimentation, il est essentiel de fournir une quantité adéquate de nourriture à vos habitants marins, en tenant compte de leurs besoins spécifiques. Une alimentation variée, comprenant des aliments commerciaux de qualité, des aliments congelés et des aliments faits maison, peut contribuer à fournir une nutrition équilibrée.

Une bonne stratégie consiste à distribuer de petites quantités de nourriture plusieurs fois par jour, plutôt qu'une seule grande quantité. Cela permet aux habitants marins de consommer la nourriture rapidement et réduit les chances de laisser des restes non consommés dans l'aquarium. Observez attentivement le comportement alimentaire de vos habitants marins pour déterminer la quantité de nourriture qu'ils peuvent consommer en une seule fois.

En règle générale, il est recommandé que la quantité de nourriture distribuée soit consommée par les poissons et autres habitants marins dans un délai de 3 à 5 minutes. Si vous observez que la nourriture n'est pas consommée dans ce laps de temps, il est préférable de réduire légèrement la quantité de nourriture offerte lors de la prochaine distribution. Cela évite que des restes alimentaires ne se décomposent dans l'aquarium et ne contribuent à une augmentation des niveaux de nitrites.

Pour éviter les excès de nourriture non consommée, retirez rapidement les restes de nourriture après chaque repas. Utilisez une épuisette pour éliminer les morceaux de nourriture non consommés ou utilisez un système de filtration adapté pour éliminer les déchets organiques de l'eau.

État de santé des habitants lié à l'alimentation

L'état de santé des habitants marins de votre aquarium est étroitement lié à leur alimentation. Une alimentation appropriée et équilibrée est essentielle pour maintenir la santé, la croissance et la vitalité de vos poissons, coraux et invertébrés. Cependant, il est tout aussi important de surveiller régulièrement leur état de santé pour détecter tout problème alimentaire potentiel et prendre des mesures appropriées.

Tout d'abord, observez attentivement leur appétit. Une diminution de l'appétit peut être le signe d'un problème de santé sous-jacent. Si un habitant marin qui était habituellement un bon mangeur commence à refuser la nourriture ou montre un appétit réduit, cela peut indiquer un stress, une maladie ou une alimentation inadéquate. Il est important de noter tout changement dans leur comportement alimentaire et de réagir rapidement si cela persiste.

En plus de l'appétit, surveillez également le poids et l'apparence physique de vos habitants marins. Une perte de poids importante ou des signes de maigreur peuvent indiquer une carence nutritionnelle ou des problèmes de santé. De même, une prise de poids excessive peut être le résultat d'une suralimentation ou d'un déséquilibre alimentaire. Assurez-vous de fournir une alimentation adaptée aux besoins spécifiques de chaque espèce et ajustez la quantité en conséquence.

Outre les aspects visuels, prêtez également attention aux selles de vos habitants marins. Des selles anormales, comme des excréments excessivement volumineux, des couleurs inhabituelles ou des signes de diarrhée, peuvent indiquer des problèmes digestifs ou une mauvaise assimilation des aliments. Dans de tels cas, il peut être nécessaire de revoir leur alimentation ou de consulter un vétérinaire spécialisé.

Partie 5 : Problèmes courants et solutions

1. Les maladies courantes

Les symptômes des maladies

La santé des poissons marins est un aspect essentiel de l'aquariophilie marine, et il est important de pouvoir identifier les symptômes des maladies courantes pour pouvoir agir rapidement et efficacement. La détection précoce des signes de maladie peut faire toute la différence dans le rétablissement et la préservation de la santé de vos poissons.

Il existe plusieurs symptômes courants qui peuvent indiquer la présence d'une maladie chez les poissons marins. Il est crucial de surveiller attentivement vos poissons et de rester vigilant quant à tout changement de comportement ou d'apparence anormal. Voici quelques-uns des symptômes les plus fréquents à prendre en compte :

1. <u>Changements de comportement</u> : Les poissons atteints de maladies peuvent présenter des changements de comportement tels que léthargie, perte d'appétit, isolement, nage anormale (flotter ou s'agiter de manière anormale), frottement contre les objets dans l'aquarium, etc.

2. <u>Altérations physiques</u> : Des altérations physiques visibles peuvent être des signes de maladie. Cela peut inclure des lésions cutanées, des ulcères, des taches blanches ou colorées anormales sur le corps, des nageoires déchirées ou effilochées, des yeux gonflés ou nuageux, etc.

3. <u>Problèmes respiratoires</u> : Les poissons qui ont du mal à respirer peuvent montrer une respiration rapide ou laborieuse, des mouvements de la bouche anormaux, une ouverture des branchies excessive, ou des signes d'étouffement.

4. <u>Changements dans les selles</u> : Les excréments anormaux, tels que des selles blanches et filamenteuses, des selles liquides, des selles excessivement volumineuses ou la présence de parasites

visibles dans les selles, peuvent indiquer des problèmes digestifs ou parasitaires.

Il est important de noter que ces symptômes peuvent être causés par différentes maladies ou affections, et il peut être nécessaire de consulter un vétérinaire spécialisé en aquariophilie marine pour obtenir un diagnostic précis et un traitement approprié. Certaines maladies courantes chez les poissons marins incluent l'ichthyophthiriose (maladie des points blancs), les infections bactériennes, les infections fongiques, les infections parasitaires, etc.

Les causes sous-jacentes des maladies

Lorsque vous vous lancez dans l'aquariophilie marine, il est essentiel de comprendre les causes sous-jacentes des maladies chez les poissons marins et de savoir comment éviter les facteurs de stress. La santé des habitants de votre aquarium dépend de plusieurs facteurs, et une attention particulière doit être accordée à ces éléments pour maintenir un environnement sain et prévenir les maladies.

Les maladies chez les poissons marins peuvent avoir différentes origines, notamment les déséquilibres chimiques, les conditions environnementales inadaptées, une mauvaise alimentation, ainsi que la présence de parasites et de bactéries pathogènes. Pour éviter ces problèmes, il est essentiel de maintenir des paramètres d'eau stables, tels que la température, la salinité, le pH et la dureté, comme expliqué dans la partie 4 de ce livre. Des fluctuations extrêmes dans ces paramètres peuvent affaiblir le système immunitaire des poissons et les rendre plus susceptibles de contracter des maladies.

En plus des paramètres de l'eau, il est important de créer un environnement sans stress pour les habitants de l'aquarium. Les facteurs de stress peuvent inclure un surpeuplement de poissons, des incompatibilités entre les espèces, une mauvaise qualité de l'eau, une alimentation inadéquate et des conditions environnementales défavorables. Il est crucial d'observer attentivement le comportement des poissons et de prendre des mesures pour réduire le stress, par exemple en fournissant des cachettes et des zones de repos appropriées, en évitant les interactions agressives entre les poissons, et en maintenant un environnement propre et sain.

La prévention des maladies passe également par une alimentation équilibrée et adaptée aux besoins spécifiques des poissons marins, comme abordé dans la partie 4 de ce livre. Une alimentation de qualité, comprenant une variété d'aliments commerciaux, vivants et congelés, est essentielle pour fournir les nutriments nécessaires à la santé des poissons. Veillez à éviter la suralimentation, car cela peut entraîner une détérioration de la qualité de l'eau et favoriser le développement de maladies.

En cas de maladie, il est important d'agir rapidement pour traiter les poissons infectés. L'identification précoce des symptômes, tels que des changements de comportement, des lésions cutanées, des problèmes respiratoires ou des signes de stress, est cruciale pour un traitement efficace.

En appliquant les connaissances acquises dans ce livre, vous serez en mesure de créer un environnement favorable à la santé et au bien-être de vos poissons. Cela implique de maintenir des paramètres d'eau stables, de fournir une alimentation équilibrée et adaptée, ainsi que de prévenir et de traiter rapidement les maladies. En agissant de manière proactive, vous pouvez garantir une aquariophilie marine réussie et gratifiante.

Les traitements courants

Dans la partie précédente, nous avons exploré les différentes maladies courantes qui peuvent affecter les poissons marins et les méthodes de prévention. Maintenant, nous allons approfondir le sujet en abordant les traitements courants disponibles, y compris l'utilisation de médicaments et les soins spécifiques à apporter.

Lorsque votre poisson marin présente des signes de maladie, il est essentiel d'agir rapidement pour lui offrir les meilleurs soins possibles. Les traitements courants comprennent l'utilisation de médicaments spécifiques et la mise en place de mesures de soins adaptées à chaque situation.

Avant de commencer tout traitement, il est important de diagnostiquer correctement la maladie. La partie précédente de ce livre fournit des informations détaillées sur l'identification des symptômes courants des maladies chez les poissons marins. En cas de doute, il est recommandé de consulter un vétérinaire spécialisé en aquariophilie marine pour obtenir un diagnostic précis.

Une fois le diagnostic établi, différents médicaments peuvent être utilisés pour traiter les maladies des poissons marins. Il existe une variété de médicaments disponibles sur le marché, tels que les antiparasitaires, les antibiotiques, les antifongiques et les antiviraux. Chaque médicament est conçu pour cibler des types spécifiques de maladies, il est donc important de choisir le médicament approprié en fonction du diagnostic.

Lors de l'administration de médicaments, il est essentiel de suivre attentivement les instructions du fabricant concernant la posologie et la durée du traitement. Il est également recommandé de surveiller de près les réactions des poissons pendant le traitement, en prêtant attention à tout signe de détérioration ou d'effet secondaire indésirable.

Outre l'utilisation de médicaments, des soins spécifiques peuvent être nécessaires pour aider les poissons marins à se rétablir. Par exemple, si un poisson présente des plaies ou des lésions cutanées, des bains de sel ou des traitements topiques peuvent être utilisés pour favoriser la guérison. De plus, des ajustements environnementaux, tels que l'amélioration de la qualité de l'eau ou l'optimisation de la nutrition, peuvent être nécessaires pour renforcer le système immunitaire des poissons et favoriser leur rétablissement.

Il est important de noter que la prévention des maladies est tout aussi cruciale que le traitement. Des pratiques d'entretien appropriées, telles que le maintien de la qualité de l'eau, une alimentation équilibrée et une observation régulière des poissons, peuvent contribuer à réduire les risques de maladies.

2. Les nuisibles

Qu'est-ce qu'un nuisible ?

Lorsque vous démarrez un aquarium marin avec des pierres vivantes ou à la suite de l'introduction de nouveaux éléments comme des coraux, vous pourrez découvrir mois après mois l'apparition de différentes bestioles, coraux, invertébrés, crabes et autres organismes divers. Ces petites créatures sont souvent arrivées sous forme d'œufs ou de larves et se développent dans des conditions idéales. Il est important de comprendre que parmi ces organismes, certains peuvent être considérés comme nuisibles, tandis que d'autres sont des filtreurs ou de bons auxiliaires qu'il faut préserver attentivement.

La découverte de ces bestioles peut être passionnante, car cela ajoute une touche de vie et de diversité à votre aquarium marin. Vous pouvez observer des coraux colorés, des invertébrés fascinants et des organismes qui jouent des rôles importants dans l'écosystème de votre aquarium.

Cependant, il est essentiel de faire la distinction entre les organismes bénéfiques et les nuisibles pour maintenir un équilibre sain.

Il est primordial de préserver les bons auxiliaires et les filtreurs qui jouent un rôle crucial dans l'écosystème de votre aquarium marin. Les filtreurs, tels que les vers polychètes, sont de précieux détrivores qui aident à maintenir un environnement propre en se nourrissant de déchets organiques. Les bons auxiliaires, comme les crevettes Wurdemanni et les crevettes kuekenthali, se chargent non seulement de déparasiter les poissons, mais aussi de contrôler la population d'organismes indésirables.

Cependant, tous les organismes ne sont pas bénéfiques pour votre aquarium marin. Certains peuvent devenir envahissants ou causer des dommages aux autres habitants. Parmi les nuisibles courants, nous pouvons citer les anémones Aiptasia et majano, qui sont urticantes et peuvent se propager rapidement, étouffant ainsi les coraux environnants. Il est important de connaître les méthodes de contrôle de ces nuisibles pour les éliminer de manière efficace et prévenir leur prolifération.

Les vers, tels que les vers polychètes et les « vers de feu », peuvent également poser des problèmes s'ils deviennent trop nombreux. Cependant, il existe des méthodes de régulation pour maintenir leur population sous contrôle.

Il est également important de mentionner les intrus inoffensifs qui peuvent apparaître dans votre aquarium marin, tels que les petites étoiles de mer (Asterina), les Chitons, les coquillages, les stomatellas et les mini ophiures. Bien qu'ils ne soient pas nuisibles, il est essentiel de surveiller leur population et de maintenir un équilibre.

En comprenant la distinction entre les nuisibles et les bénéfiques, vous pourrez prendre les mesures appropriées pour maintenir un écosystème équilibré dans votre aquarium marin. La régulation de ces organismes est essentielle pour garantir la santé et le bien-être de vos coraux, poissons et autres habitants marins.

Les Anémones nuisibles

Les anémones sont des organismes marins fascinants qui peuvent ajouter une beauté et une dynamique uniques à votre aquarium marin. Cependant, certaines espèces d'anémones, telles que l'Aiptasia et la majano, peuvent devenir problématiques et nuisibles pour votre écosystème.

L'Aiptasia est une anémone urticante et très envahissante. Si elle n'est pas contrôlée, elle peut se propager rapidement et étouffer les coraux environnants. Heureusement, il existe des prédateurs naturels qui se nourrissent de l'Aiptasia, tels que les poissons Chelmons, Forcipiger, Chaetodons et Tomentosus, ainsi que les crevettes Wurdemanni. Ces organismes peuvent contribuer à maintenir la population d'Aiptasia sous contrôle si votre aquarium est suffisamment grand. Les crevettes kuekenthali sont également très efficaces pour se débarrasser de l'Aiptasia tout en jouant le rôle de déparasiteurs pour les poissons.

La majano est une autre anémone envahissante et urticante. Comme l'Aiptasia, la majano peut se propager rapidement et causer des problèmes aux autres habitants de l'aquarium, notamment les coraux. Il est important de prendre des mesures pour éliminer la majano de manière efficace afin de prévenir sa prolifération et de protéger la santé de votre écosystème marin.

Un peu plus tôt dans ce livre, nous avons abordé les techniques de placement, de fixation et d'entretien des coraux. Lorsqu'il s'agit de lutter contre les anémones nuisibles, il est crucial de les éliminer dès que possible. Vous pouvez utiliser des méthodes spécifiques pour les détruire, comme l'injection de produits chimiques ciblés ou l'utilisation d'un laser. Cependant, il est important de procéder avec prudence et de prendre des précautions pour éviter d'endommager les coraux environnants.

Il est essentiel de noter que la régulation des anémones nuisibles ne se limite pas seulement à leur élimination, mais aussi à la prévention de leur réapparition. Maintenir un équilibre écologique stable dans votre aquarium est crucial pour prévenir la prolifération des anémones et d'autres nuisibles. Cela implique de maintenir les paramètres de l'eau appropriés, d'observer régulièrement votre aquarium pour détecter tout signe d'infestation et de prendre des mesures préventives pour éviter l'introduction accidentelle de ces nuisibles.

Les vers et escargots nuisibles

Les vers et les escargots marins sont des habitants courants et souvent bénéfiques dans les aquariums marins. Ils jouent un rôle essentiel dans l'écosystème en contribuant au nettoyage de l'aquarium, en recyclant les déchets organiques et en prévenant la prolifération d'algues indésirables. Cependant, il existe certains vers et escargots qui peuvent devenir des nuisibles s'ils se multiplient de manière excessive ou s'ils attaquent les coraux.

Les vers polychètes sont parmi les vers les plus couramment rencontrés dans les aquariums marins. Certains vers polychètes sont bénéfiques, car ils contribuent à maintenir la qualité de l'eau en consommant les débris organiques. Cependant, certains peuvent devenir envahissants, creuser des galeries dans le substrat et endommager les coraux et d'autres habitants. Il est important de surveiller leur population et de prendre des mesures pour les contrôler si nécessaire.

Les « vers de feu » sont un autre type de ver qui peut poser des problèmes dans un aquarium marin. Ils sont ainsi appelés en raison de leurs piqûres urticantes qui peuvent causer des dommages aux coraux et provoquer des irritations chez les autres habitants de l'aquarium. Il est essentiel d'éliminer rapidement ces vers pour préserver la santé de votre écosystème.

Les Waminoa sont de petits vers planctoniques qui peuvent se reproduire rapidement et envahir les coraux, notamment les coraux mous. Leur présence excessive peut entraîner une détérioration de l'apparence et de la santé des coraux. La prévention est la clé pour éviter leur prolifération, en maintenant une bonne filtration mécanique et en inspectant régulièrement vos coraux pour détecter tout signe d'infestation.

Dans notre section sur les invertébrés marins, nous avons abordé la sélection et la compatibilité des invertébrés avec les autres habitants de l'aquarium. Il est crucial de choisir des invertébrés qui cohabitent harmonieusement avec les coraux et d'éviter d'introduire des espèces susceptibles de causer des dommages.

Pour maintenir un équilibre écologique sain, il est recommandé de favoriser la présence de prédateurs naturels des vers et des escargots nuisibles, tels que les gobies et les poissons Chirurgiens. Ces prédateurs peuvent contribuer à maintenir leur population sous contrôle.

Les intrus inoffensifs

Dans les aquariums marins, il est fréquent de découvrir des intrus inoffensifs qui peuvent s'introduire accidentellement. Ces intrus peuvent inclure des petites étoiles de mer appelées Asterina, des chitons, des coquillages, des stomatellas et des mini ophiures. Bien que ces créatures ne présentent généralement pas de danger pour les autres habitants de l'aquarium, il est important de comprendre leur impact et de prendre les mesures nécessaires pour maintenir un équilibre écologique.

Les petites étoiles de mer Asterina sont souvent considérées comme des intrus indésirables, car elles peuvent se reproduire rapidement et devenir envahissantes. Bien qu'elles soient inoffensives pour les coraux et les poissons, leur population excessive peut entraîner une compétition pour la nourriture et les ressources, ce qui peut avoir un impact sur l'équilibre de l'aquarium. Pour contrôler leur population, il est recommandé de retirer régulièrement les Asterina en excès.

Les chitons sont de petits mollusques qui se fixent sur les roches et les surfaces dures de l'aquarium. Ils se nourrissent d'algues et contribuent à maintenir un équilibre dans l'écosystème. Cependant, une population excessive de chitons peut endommager les coraux en broutant excessivement les algues présentes sur leur surface. Il est important de surveiller leur nombre et d'éliminer les chitons en excès si nécessaire.

Ensuite, nous retrouvons les stomatellas, qui sont de petits escargots souvent présents dans les aquariums marins. Ils se nourrissent d'algues et de débris organiques, contribuant ainsi à la qualité de l'eau. Les stomatellas sont généralement considérés comme bénéfiques, mais une population excessive peut indiquer un déséquilibre écologique. Si leur nombre devient préoccupant, des mesures peuvent être prises pour les contrôler.

Enfin, les mini ophiures, également connues sous le nom d'étoiles serpentines, sont de petites étoiles de mer apparentées aux ophiures plus grandes. Elles se déplacent rapidement dans l'aquarium à la recherche de nourriture. Bien qu'elles soient considérées comme inoffensives pour les autres habitants de l'aquarium, leur population peut augmenter rapidement si les conditions sont favorables. Il est essentiel de surveiller leur nombre et de maintenir un équilibre dans l'aquarium.

Il est important de noter que ces intrus inoffensifs peuvent faire partie de l'écosystème naturel d'un aquarium marin. Cependant, si leur population devient excessive et déséquilibre l'aquarium, des mesures de régulation peuvent être nécessaires.

Méthodes de régulations des nuisibles

Lorsque vous découvrez des intrus inoffensifs tels que les Asterina, les chitons, les coquillages, les stomatellas et les mini ophiures dans votre aquarium marin, il est essentiel de maintenir un équilibre écologique en mettant en place des méthodes de régulation appropriées. Ces méthodes vous permettront de contrôler leur population et de préserver la santé de votre écosystème aquatique.

Une première approche consiste à adopter une méthode de capture sélective. Par exemple, pour les Asterina, vous pouvez utiliser un piège spécialement conçu pour les étoiles de mer ou les enlever manuellement en les cueillant avec précaution. Assurez-vous de ne pas endommager les coraux ou d'autres habitants de l'aquarium lors de cette opération.

Les chitons peuvent être contrôlés en ajustant la population d'algues présentes dans l'aquarium. Si les chitons se multiplient rapidement, cela peut être un indicateur d'une surabondance d'algues. En limitant la quantité d'algues disponibles, vous pouvez contrôler leur nombre de manière naturelle.

Les stomatellas sont souvent régulées grâce à la compétition alimentaire. Assurez-vous que tous les habitants de l'aquarium reçoivent une alimentation adéquate et que les ressources alimentaires sont réparties de manière équilibrée. Cela contribuera à maintenir une population stable de stomatellas.

En ce qui concerne les mini ophiures, leur population peut être contrôlée en gérant les conditions de l'aquarium. Les mini ophiures se nourrissent principalement de débris organiques présents dans l'aquarium. Un contrôle approprié de la quantité de nourriture et une filtration adéquate peuvent aider à maintenir leur nombre sous contrôle.

Il est important de noter que ces méthodes de régulation doivent être appliquées avec prudence et en tenant compte de l'équilibre global de l'aquarium. Il est recommandé de surveiller régulièrement les populations d'intrus inoffensifs et de consulter des ressources spécialisées pour obtenir des conseils spécifiques à votre situation.

3. Les algues et cyanobactéries

Les types d'algues courantes

Dans un aquarium marin, il est courant de rencontrer différents types d'algues, dont la prolifération peut devenir un problème si elle n'est pas contrôlée. Comprendre les types d'algues courantes et les causes de leur apparition est essentiel pour prévenir et résoudre ce problème.

- <u>Les algues vertes</u> : Les algues vertes sont les plus répandues dans les aquariums marins. Elles peuvent se présenter sous différentes formes, telles que des filaments, des tapis ou des plaques. Les causes les plus fréquentes de la prolifération d'algues vertes sont un éclairage excessif, une suralimentation, un excès de nutriments (notamment les nitrates et les phosphates) et des fluctuations des paramètres de l'eau.

- <u>Les algues brunes</u> : Les algues brunes sont généralement présentes dans les premiers stades d'un nouvel aquarium marin. Elles peuvent apparaître sous forme de dépôts bruns sur les roches, les vitres ou le sable. Les principales causes de la prolifération d'algues brunes sont un éclairage insuffisant, une teneur élevée en silicates et une faible compétition des autres organismes marins. Les algues brunes ont tendance à disparaître naturellement une fois que l'aquarium est bien établi et que d'autres organismes compétitifs se développent.

- <u>Les algues rouges</u> : Les algues rouges se présentent sous différentes formes, telles que des filaments, des plaques ou des boules. Elles peuvent être causées par des déséquilibres dans l'aquarium, tels qu'une teneur élevée en nitrates, un éclairage inadéquat et une mauvaise circulation de l'eau. Les algues rouges peuvent être difficiles à éliminer une fois qu'elles se sont installées, il est donc important de prévenir leur apparition en maintenant des paramètres d'eau appropriés.

- <u>Les cyanobactéries (algues bleues-vertes)</u> : Les cyanobactéries ne sont pas vraiment des algues, mais elles peuvent proliférer dans un aquarium marin et ressembler à des tapis ou des pellicules glissantes de couleur verte, bleue ou brune. Les causes les plus courantes de la prolifération de cyanobactéries sont un déséquilibre nutritionnel, des niveaux élevés de nutriments, une faible circulation de l'eau et une suralimentation. Les cyanobactéries peuvent être difficiles à éliminer, mais en identifiant et en corrigeant les causes sous-jacentes, il est possible de les contrôler.

- <u>Les valonias (algues bulles)</u> : Les valonias sont de petites algues bulleuses vertes souvent présentes dans les aquariums marins. Bien que les valonias puissent donner une apparence esthétique intéressante à l'aquarium, elles peuvent devenir envahissantes si elles se multiplient rapidement. Une suralimentation, des niveaux élevés de nutriments et des déséquilibres de l'eau peuvent favoriser leur prolifération. Si les valonias deviennent envahissantes, il est recommandé de les retirer manuellement et de rééquilibrer les paramètres de l'eau pour réduire leur croissance excessive.

- <u>Les autres algues nuisibles</u> : En plus des algues que nous venons d'énumérer, il existe d'autres types d'algues qui peuvent être considérés comme nuisibles dans un aquarium marin. Parmi ces algues, on trouve par exemple les dinoflagellés, les diatomées et les algues filamenteuses. Les dinoflagellés peuvent proliférer rapidement et former des blooms, ce qui peut causer des problèmes d'oxygénation de l'eau et nuire aux habitants marins. Les diatomées sont des algues unicellulaires qui se présentent sous forme de dépôts bruns ou dorés sur les surfaces de l'aquarium. Bien que leur présence en petites quantités soit normale, une prolifération excessive peut indiquer un déséquilibre dans l'aquarium. Les algues filamenteuses se présentent sous forme de longs filaments verts ou bruns qui peuvent s'enrouler autour des plantes et des décorations de l'aquarium. Elles peuvent être causées par une lumière intense, un excès de nutriments ou des déséquilibres chimiques. Il est important de surveiller attentivement ces types d'algues et de prendre des mesures pour les contrôler si nécessaire.

Prévention contre la prolifération d'algues indésirables

La présence d'algues indésirables dans un aquarium marin peut être un problème frustrant pour de nombreux aquariophiles. Pour prévenir efficacement la prolifération d'algues, il est essentiel de comprendre les causes sous-jacentes et de mettre en place des stratégies préventives appropriées.

Comme mentionné précédemment, les principales causes de la prolifération d'algues sont souvent liées à un déséquilibre écologique dans l'aquarium. Parmi les facteurs courants contribuant à la croissance excessive des algues, on retrouve un éclairage excessif, une suralimentation, un excès de nutriments et des fluctuations des paramètres de l'eau.

Pour prévenir les proliférations d'algues, il est donc essentiel de maintenir une bonne hygiène et de suivre des pratiques d'entretien appropriées. Voici quelques mesures préventives clés :

- Maîtriser l'éclairage : L'éclairage joue un rôle crucial dans la croissance des algues. Un éclairage inapproprié, qu'il soit trop intense ou insuffisant, peut favoriser la croissance excessive des algues. Il est important de choisir un éclairage adapté aux besoins des coraux et des autres habitants marins, tout en évitant les périodes d'éclairage prolongées qui pourraient favoriser la prolifération des algues. Un cycle d'éclairage régulier avec des périodes d'obscurité appropriées permet de reproduire les conditions naturelles et de prévenir les problèmes d'algues.
- Contrôler la suralimentation : Évitez de suralimenter vos poissons et coraux, car cela peut entraîner une accumulation excessive de

nutriments dans l'eau. Utilisez des quantités appropriées d'aliments et retirez rapidement les restes de nourriture non consommée.

- Nettoyer régulièrement l'aquarium : Retirez les débris organiques, les algues visibles et les excès de sédiments à l'aide d'un siphon ou d'un aspirateur d'aquarium. Nettoyez également les parois de l'aquarium pour éliminer les algues en excès.

- Utiliser un système de filtration adéquat : Un système de filtration approprié, comprenant des filtres mécaniques, biologiques et chimiques, contribuera à maintenir une bonne qualité de l'eau. Les filtres mécaniques éliminent les débris en suspension, les filtres biologiques abritent des bactéries bénéfiques qui décomposent les déchets, et les filtres chimiques peuvent aider à éliminer les nutriments indésirables. Réaliser des changements d'eau réguliers permet également de diluer les nitrates et les phosphates accumulés. Prévoyez un calendrier pour les changements d'eau et veillez à utiliser de l'eau de qualité, exempte de contaminants.

- Introduire des herbivores appropriés : Certains poissons herbivores et invertébrés marins, tels que les poissons-chirurgiens, les bernard-l'hermite et les escargots herbivores, se nourrissent des algues et peuvent aider à contrôler leur croissance. Assurez-vous de choisir des espèces compatibles avec votre aquarium et offrez-leur une alimentation appropriée. Il est important de choisir des espèces compatibles avec votre aquarium et de leur fournir une alimentation appropriée pour répondre à leurs besoins nutritionnels.

En combinant ces mesures préventives, vous pouvez réduire les risques de proliférations d'algues indésirables dans votre aquarium marin. Cependant, il est important de noter que les algues font partie intégrante de l'écosystème marin et une certaine quantité d'algues est normale et saine. L'objectif est de maintenir un équilibre où les algues ne deviennent pas envahissantes.

4. Les erreurs les plus fréquentes

Les erreurs liées à la surpopulation de l'aquarium

La surpopulation de l'aquarium est l'une des erreurs les plus courantes que les aquariophiles marins peuvent commettre. Elle survient lorsqu'il y a un nombre excessif d'habitants marins dans un espace limité, ce qui peut entraîner de nombreux problèmes pour l'équilibre écologique de l'aquarium.

Lorsqu'un aquarium est surpeuplé, les ressources disponibles telles que la nourriture, l'oxygène et l'espace deviennent insuffisantes pour répondre aux besoins de tous les habitants marins. Cela peut entraîner une compétition intense pour ces ressources, ce qui peut stresser les poissons et les coraux, compromettre leur système immunitaire et augmenter le risque de maladies.

De plus, une surpopulation peut entraîner une accumulation excessive de déchets biologiques dans l'aquarium. Les poissons produisent des excréments et des composés azotés qui doivent être éliminés par le système de filtration. Si le taux de production de déchets dépasse la capacité du système de filtration à les éliminer, cela peut entraîner une détérioration de la qualité de l'eau, une augmentation des niveaux de nitrates et d'ammoniac, et finalement mettre en danger la santé des habitants marins.

Il est essentiel de choisir soigneusement les espèces à introduire dans votre aquarium marin et de prendre en compte leur taille adulte, leur comportement et leurs besoins en espace. Une recherche approfondie sur chaque espèce vous permettra de déterminer la taille minimale de l'aquarium nécessaire pour offrir un environnement adéquat à vos habitants marins. Il est également important de considérer la compatibilité des différentes espèces pour éviter les conflits territoriaux et les comportements agressifs.

Pour éviter la surpopulation, il est recommandé de respecter les recommandations générales concernant la densité de population dans l'aquarium marin. Gardez à l'esprit que certaines espèces ont besoin de plus d'espace que d'autres et qu'il est préférable de sous-peupler plutôt que de surpeupler votre aquarium. Cela permettra à vos habitants marins de s'épanouir dans un environnement moins stressant et favorisera un équilibre écologique plus stable.

De plus, il est important de surveiller la croissance des poissons et des coraux au fil du temps. Certains habitants marins peuvent atteindre des tailles considérables à l'âge adulte et nécessiteront éventuellement un espace supplémentaire. Prévoir cette croissance dans votre planification initiale vous évitera des problèmes futurs de surpopulation et vous permettra de fournir un environnement adéquat à vos habitants marins tout au long de leur vie.

Les erreurs dans le choix des espèces incompatibles

Lorsqu'il s'agit de composer la population de votre aquarium marin, il est essentiel de choisir des espèces compatibles qui peuvent coexister harmonieusement. Cependant, l'une des erreurs les plus courantes en aquariophilie marine est de mélanger des espèces incompatibles, ce qui peut entraîner des problèmes de comportement agressif, de stress et de compétition pour les ressources.

Certaines espèces de poissons et de coraux sont territoriales et peuvent devenir agressives envers d'autres habitants marins. Par exemple, certains poissons ont tendance à revendiquer un territoire spécifique dans l'aquarium et peuvent attaquer les autres poissons qui s'approchent de leur espace. De même, certains coraux peuvent libérer des toxines pour se défendre contre d'autres coraux ou invertébrés proches. L'introduction d'espèces incompatibles peut déclencher ces comportements agressifs et perturber l'équilibre de l'aquarium.

Pour éviter cette erreur, il est important d'effectuer des recherches approfondies sur les comportements et les besoins spécifiques de chaque espèce que vous souhaitez introduire dans votre aquarium. Certains poissons sont connus pour être plus pacifiques et adaptés à la vie communautaire, tandis que d'autres nécessitent un espace plus vaste pour établir leur territoire. De même, certains coraux sont compatibles les uns avec les autres, tandis que d'autres peuvent être agressifs envers leurs voisins.

Lorsque vous planifiez la composition de votre aquarium marin, tenez compte des exigences de chaque espèce en termes de taille de l'aquarium, de compatibilité alimentaire et de comportement. Il est recommandé de choisir des espèces qui occupent différents niveaux de l'aquarium, telles que des poissons qui nagent près de la surface, des poissons qui évoluent dans la partie médiane et des poissons qui vivent près du fond. Cela permet à chaque espèce de trouver son propre espace et réduit les risques de conflits territoriaux.

De plus, certains habitants marins ont des besoins spécifiques en termes de qualité de l'eau, de température et de pH. Il est important de prendre en compte ces paramètres lors du choix des espèces pour éviter les conflits liés aux conditions de vie incompatibles. Par exemple, certains coraux préfèrent des eaux plus calmes avec un faible courant, tandis que d'autres nécessitent un courant plus fort pour leur bien-être. La compatibilité des besoins environnementaux est un facteur clé pour assurer une coexistence harmonieuse dans votre aquarium marin.

En cas de doute sur la compatibilité entre deux espèces, il est préférable de consulter des sources fiables, tels que des livres spécialisés, des forums d'aquariophiles ou de demander conseil à des experts en aquariophilie marine. Le partage d'expériences avec d'autres aquariophiles peut également être bénéfique pour éviter les erreurs de compatibilité.

Les erreurs liées à l'alimentation et l'entretien

Une bonne gestion de l'alimentation et de l'entretien de votre aquarium marin est essentielle pour maintenir la santé et le bien-être des habitants marins. Cependant, il est courant de commettre des erreurs qui peuvent avoir un impact négatif sur l'écosystème de votre aquarium.

L'une des erreurs les plus fréquentes est la suralimentation des poissons et des coraux. Une alimentation excessive peut entraîner une accumulation de déchets dans l'aquarium, ce qui peut entraîner une détérioration de la qualité de l'eau et favoriser la croissance d'algues indésirables. De plus, la suralimentation peut causer des problèmes de santé chez les habitants marins, tels que l'obésité et des déséquilibres nutritionnels.

Il est important de connaître les besoins alimentaires spécifiques de chaque espèce présente dans votre aquarium. Certains poissons marins ont besoin de plusieurs petites portions de nourriture tout au long de la journée, tandis que d'autres peuvent être nourris une fois par jour. Les coraux ont également des besoins nutritionnels spécifiques en fonction de leur type. Il est recommandé de rechercher les informations sur les régimes alimentaires adaptés à chaque espèce et de suivre les recommandations fournies par les experts en aquariophilie marine.

Une autre erreur courante concerne l'entretien inadéquat de l'aquarium. Un manque de nettoyage régulier des filtres, des décanteurs et des médias filtrants peut entraîner une accumulation de déchets et de substances nocives dans l'eau. Cela peut perturber l'équilibre écologique de l'aquarium et affecter la santé des habitants marins. De plus, un entretien insuffisant peut entraîner une dégradation de la qualité de l'eau, favorisant ainsi la croissance d'algues indésirables et la propagation de maladies.

Il est recommandé d'établir un calendrier d'entretien régulier pour votre aquarium marin et de suivre les tâches nécessaires, telles que le nettoyage des filtres, le changement d'eau, l'élimination des débris et la vérification des paramètres de l'eau. Un entretien régulier permet de maintenir une bonne qualité de l'eau et de prévenir les problèmes potentiels.

De plus, il est important de surveiller attentivement les signes de détérioration de l'écosystème marin, tels que la présence d'algues excessives ou de maladies chez les habitants marins, afin d'agir rapidement pour les résoudre.

En évitant ces erreurs dans la gestion de l'alimentation et de l'entretien, vous pouvez favoriser un environnement sain et équilibré dans votre aquarium marin. Une alimentation adéquate, associée à un entretien régulier, contribue à maintenir la santé et la beauté de vos habitants marins, et vous permet de profiter pleinement de votre expérience d'aquariophilie marine.

Et après...

L'engagement éthique et responsable

L'aquariophilie marine est bien plus qu'un simple passe-temps. C'est une passion qui nous connecte à la beauté et à la diversité des écosystèmes marins.

Lorsque vous choisissez des espèces marines pour votre aquarium, il est essentiel de privilégier la provenance éthique. Certaines espèces sont capturées de manière durable dans le respect des populations sauvages, tandis que d'autres sont élevées en captivité. Il est préférable de se tourner vers des éleveurs responsables et des fournisseurs qui adoptent des pratiques durables.

En favorisant la provenance éthique, vous contribuez à la préservation des espèces marines dans leur habitat naturel.

L'aquariophilie marine a un impact environnemental, et il est important d'en être conscient. L'extraction de roches vivantes, par exemple, peut nuire aux récifs coralliens. Il est donc préférable d'opter pour des alternatives durables, telles que des roches artificielles ou des roches vivantes d'élevage.

De plus, certaines espèces marines sont menacées dans la nature en raison de la surpêche ou de la destruction de leur habitat. En soutenant des programmes de conservation et des initiatives visant à protéger ces espèces, vous contribuez à leur survie à long terme.

La durabilité est un principe clé de l'engagement responsable envers l'aquariophilie marine. Il est important de mettre en place des pratiques durables dans la gestion de votre aquarium. Cela peut inclure l'utilisation d'équipements économes en énergie, la réduction de la consommation d'eau, la prévention du gaspillage alimentaire et l'adoption de pratiques d'entretien respectueuses de l'environnement. En adoptant une approche durable, vous minimisez l'impact négatif de votre aquarium sur l'environnement.

Soutenir les initiatives de préservation des écosystèmes marins est un moyen concret de faire une différence en tant qu'aquariophile responsable. De nombreuses organisations travaillent activement pour la préservation des récifs coralliens, la conservation des espèces marines et la sensibilisation du public.

Vous pouvez contribuer en faisant des dons, en participant à des programmes de bénévolat ou en soutenant des projets de recherche. De cette manière, vous aidez à protéger les écosystèmes marins pour les générations futures.

En adoptant un engagement éthique et responsable envers l'aquariophilie marine, vous contribuez à la préservation des écosystèmes marins, à la durabilité et à la santé des populations marines.

En prenant des décisions éclairées et en soutenant des initiatives positives, vous devenez un acteur essentiel dans la protection de notre environnement marin. Par conséquent, n'oubliez pas d'intégrer ces valeurs éthiques et responsables dans vos pratiques aquariophiles, et inspirez les autres à faire de même.

En suivant ces conseils pratiques et astuces, en vous engageant de manière éthique et responsable, et en mettant en œuvre les bonnes pratiques d'entretien et de gestion de votre aquarium marin, vous pouvez créer et entretenir un écosystème marin sain et équilibré.

L'aquariophilie marine est une expérience enrichissante qui offre la possibilité d'observer et d'interagir avec la vie marine fascinante. En prenant soin de votre aquarium et de ses habitants de manière responsable, vous contribuez à la préservation des écosystèmes marins et à la conservation des espèces pour les générations futures.

L'évolution et l'adaptation de votre aquarium marin

Lorsque vous vous lancez dans l'aquariophilie marine, votre aquarium est un espace dynamique qui évolue constamment. Au fil du temps, les besoins de vos habitants marins peuvent changer, les coraux grandissent et se propagent, et de nouveaux défis peuvent se présenter.

C'est pourquoi, il est essentiel de rester attentif aux signes de croissance et de développement des coraux et des poissons. Les coraux peuvent se propager et former de nouvelles colonies, tandis que les poissons peuvent atteindre leur taille adulte et nécessiter un espace plus grand. Il est important de prévoir ces changements et de prévoir des ajustements en conséquence.

Par exemple, vous devrez peut-être déplacer certains coraux pour éviter la compétition entre les espèces ou envisager d'agrandir la taille de votre aquarium pour accommoder la croissance des poissons.

L'évolution de votre aquarium marin peut également nécessiter des ajustements dans les paramètres de l'eau et les pratiques d'entretien. Par exemple, avec le temps, la consommation des nutriments par les coraux peut changer, ce qui peut influencer les niveaux de nitrates et de phosphates dans l'eau. Il peut être nécessaire d'adapter la fréquence des changements d'eau, d'ajuster les paramètres de la filtration et d'adopter de nouvelles méthodes de contrôle des nutriments pour maintenir un équilibre écologique optimal.

Anticiper les changements à long terme dans l'écosystème de votre aquarium marin est une clé importante pour maintenir un environnement sain et équilibré. Par exemple, si vous prévoyez d'introduire de nouveaux habitants marins, il est essentiel de comprendre leur comportement, leurs besoins et leur compatibilité potentielle avec les espèces déjà présentes. Cela vous permettra de prendre des décisions éclairées pour éviter les conflits et maintenir l'harmonie dans votre aquarium.

L'évolution de votre aquarium marin ne se limite pas seulement aux habitants marins, mais peut également inclure des améliorations technologiques et des avancées dans les méthodes de gestion de l'aquarium.

Par exemple, de nouveaux dispositifs de surveillance des paramètres de l'eau et des systèmes d'automatisation peuvent simplifier la gestion quotidienne de votre aquarium et vous aider à maintenir des conditions optimales plus facilement. Il est important de rester informé des dernières avancées technologiques et de les intégrer de manière appropriée dans votre aquarium.

L'évolution et l'adaptation de votre aquarium marin nécessitent une approche proactive et un engagement continu envers la santé et le bien-être de vos habitants marins. Soyez attentif aux signes de croissance, de développement et de changement dans votre aquarium, et ajustez vos pratiques en conséquence.

N'oubliez pas d'utiliser les connaissances et les compétences acquises tout au long de ce guide pour prendre des décisions éclairées et promouvoir une aquariophilie marine réussie.

Lexique

Acclimatation : Processus d'adaptation progressive des organismes vivants à un nouvel environnement.

Acides aminés : Composants de base des protéines, essentiels pour la croissance et le fonctionnement des organismes.

Acrylique : Matériau transparent utilisé pour fabriquer des aquariums, offrant une excellente visibilité.

Agression chimique : Interaction agressive entre différents organismes marins, où des substances chimiques sont utilisées pour attaquer ou se défendre.

Algues : Organismes végétaux qui poussent dans l'eau, allant des algues microscopiques aux grandes algues marines.

Ammoniac : Substance chimique toxique pour les organismes aquatiques, souvent présente dans les aquariums en raison de la décomposition des déchets organiques.

Aquaculture : Élevage et culture d'organismes aquatiques, tels que les poissons, les coraux, les crustacés et les algues, dans des environnements contrôlés.

Aquariophilie marine : La pratique de l'élevage et de la maintenance d'animaux marins dans un aquarium.

Aquarium : Récipient utilisé pour abriter des organismes aquatiques, généralement dans un but décoratif.

Bactéries bénéfiques : Microorganismes utiles présents dans les aquariums, responsables de la décomposition des déchets organiques et de la maintenance de l'équilibre biologique.

Bactéries nitrifiantes : Microorganismes qui convertissent l'ammoniac en nitrites, puis en nitrates lors du cycle de l'azote.

Bactéries nitrobactériennes : Une autre appellation des bactéries nitrifiantes

Bactéries pathogènes : Bactéries qui peuvent causer des maladies chez les organismes aquatiques.

Blanchissement des coraux : Phénomène dans lequel les coraux perdent leur couleur et leur symbiose avec les zooxanthelles, souvent causé par des facteurs de stress environnementaux.

Bouturage : Technique de reproduction des coraux qui consiste à couper un fragment d'un corail et à le cultiver pour former un nouvel individu.

Carnivores : Organismes qui se nourrissent principalement de viande ou d'autres organismes animaux.

Circulation de l'eau : Le mouvement de l'eau dans un aquarium, essentiel pour la fourniture d'oxygène, l'élimination des déchets et le maintien d'un environnement sain.

Cnidaires : Groupe qui comprend les coraux, les méduses et les anémones de mer.

Compatibilité : Capacité des différents organismes à coexister dans un même environnement sans se causer de tort mutuellement.

Compétition : Interaction entre les organismes qui se disputent les ressources limitées, telles que la nourriture, l'espace ou la lumière.

Contamination croisée : Transmission d'agents pathogènes ou de substances indésirables d'un organisme à un autre, généralement par contact direct ou indirect.

Cyanobactéries : Bactéries photosynthétiques qui peuvent former des tapis ou des plaques glissantes d'aspect visqueux dans un aquarium.

Cycles d'éclairage : Périodes d'activité et d'obscurité contrôlées de l'éclairage dans un aquarium, qui influencent le comportement et les cycles biologiques des organismes.

Déchets biologiques : Résidus organiques produits par les organismes vivants, tels que les excréments, les restes de nourriture ou les tissus morts.

Déchets organiques : Matières organiques en décomposition, y compris les déchets biologiques, qui peuvent contribuer à la pollution de l'eau et à la détérioration de la qualité.

Densimètre : Instrument utilisé pour mesurer la densité ou la salinité de l'eau de mer dans un aquarium.

Déséquilibres chimiques : Fluctuations des niveaux anormaux de substances chimiques dans l'eau d'un aquarium, pouvant avoir un impact négatif sur la santé des organismes.

Diatomées : Algues unicellulaires qui peuvent former des revêtements bruns ou dorés sur les surfaces dans un aquarium.

Dinoflagellés : Microorganismes photosynthétiques présents dans l'eau de mer, certains d'entre eux peuvent proliférer et causer des problèmes dans un aquarium.

Dureté : Mesure de la concentration de minéraux, principalement le calcium et le magnésium, dans l'eau d'un aquarium.

Écosystème : Ensemble d'organismes vivants et de leur environnement, interagissant les uns avec les autres et avec leur habitat.

Écumeur : Dispositif utilisé dans les aquariums pour éliminer les déchets organiques et les substances indésirables de l'eau en produisant de la mousse.

Filtration biologique : Processus de filtration de l'eau basé sur l'activité des bactéries bénéfiques qui décomposent les déchets et les substances toxiques.

Filtration chimique : Processus de filtration de l'eau qui utilise des substances chimiques pour éliminer les impuretés et améliorer la qualité de l'eau.

Filtration mécanique : Processus de filtration de l'eau qui utilise des matériaux physiques pour piéger les particules solides et les débris.

Herbivores : Organismes qui se nourrissent principalement de plantes ou d'algues.

Infections bactériennes : Infections causées par des bactéries pathogènes, pouvant entraîner des maladies chez les organismes aquatiques.

Infections fongiques : Infections causées par des champignons, pouvant affecter la santé des organismes aquatiques.

Instabilité : État de variation excessive dans les conditions d'un aquarium, pouvant entraîner des problèmes pour les organismes qui y vivent.

Invertébrés : Organismes qui n'ont pas de colonne vertébrale, tels que les mollusques, les crustacés ou les échinodermes.

Kits de test : Ensembles d'outils ou de réactifs utilisés pour mesurer les paramètres de l'eau dans un aquarium, tels que le pH, la salinité ou les nitrates.

Lampes LED : Lampes qui utilisent des diodes électroluminescentes (LED) pour produire de la lumière, offrant une grande efficacité énergétique et une longue durée de vie.

Microorganismes : Organismes microscopiques tels que les bactéries, les protistes ou les microalgues.

Nanoaquariums : Petits aquariums d'une taille réduite, généralement inférieure à 20 litres, adaptés à l'élevage de plantes ou de petits organismes.

Nettoyage : Ensemble des activités visant à éliminer les déchets, les débris et les substances indésirables d'un aquarium, pour maintenir un environnement propre et sain.

Nitrates : Composés chimiques contenant de l'azote, présents dans l'eau d'un aquarium en raison de la décomposition des déchets organiques.

Nitrites : Composés chimiques contenant de l'azote, produits lors de la dégradation de l'ammoniac dans le cycle de l'azote d'un aquarium.

Nuisibles : Organismes indésirables ou nuisibles, tels que les algues envahissantes, les parasites ou les prédateurs, qui peuvent causer des problèmes dans un aquarium.

Nutriments : Substances essentielles nécessaires à la croissance et à la survie des organismes, tels que les minéraux, les vitamines ou les acides aminés.

Oligoéléments : Minéraux présents en faible quantité, mais essentiels pour les organismes vivants, tels que le fer, le cuivre ou le zinc.

Osmoseur : Appareil utilisé pour purifier l'eau en éliminant les impuretés et les substances indésirables à travers un processus d'osmose inverse.

Paillettes : Aliments en forme de petites écailles ou flocons, souvent utilisés pour nourrir les poissons d'aquarium.

Paramètres de l'eau : Caractéristiques physiques et chimiques de l'eau d'un aquarium, telles que le pH, la température, la dureté ou la salinité.

Parasites : Organismes qui vivent aux dépens d'autres organismes, se nourrissant de leurs tissus ou de leurs fluides corporels.

Ph : Mesure de l'acidité ou de l'alcalinité de l'eau, basée sur l'échelle de pH qui va de 0 à 14.

Phosphates : Composés chimiques contenant du phosphore, présents dans l'eau d'un aquarium en raison de la décomposition des déchets organiques.

Photosynthèse : Processus par lequel les plantes et les algues utilisent l'énergie lumineuse pour convertir le dioxyde de carbone et l'eau en glucose et en oxygène.

Polypes : Formes de vie individuelles des coraux, en forme de tube fixée à sa base par un pied et dotée d'une bouche entourée de tentacules..

Récif corallien : Structure formée par les coraux dans les eaux peu profondes, abritant une grande diversité d'organismes marins.

Réfractomètre : Instrument utilisé pour mesurer la salinité ou la densité de l'eau de mer dans un aquarium.

Salinité : Concentration de sel dissous dans l'eau, mesurée en parties par millier ou en pourcentage.

Shallow : Terme anglais signifiant « peu profond », utilisé pour décrire les zones d'eau peu profondes ou les aquariums peu profonds.

Stress : Réponse physique ou comportementale des organismes à des facteurs de stress, tels que des changements environnementaux ou des conditions défavorables.

Suralimentation : Pratique de nourrir excessivement les organismes au-delà de leurs besoins nutritionnels, ce qui peut entraîner des problèmes de santé et de qualité de l'eau.

Surpopulation : Situation où le nombre d'organismes dans un aquarium dépasse la capacité de l'environnement à les soutenir de manière saine.

Symptômes : Manifestations physiques qui indiquent un problème de santé ou un déséquilibre chez les organismes aquatiques.

Tissu charnu : Caractéristique des coraux mous et des autres organismes qui ont une structure charnue plutôt que calcaire.

Toxines : Substances chimiques potentiellement dangereuses ou nocives pour les organismes vivants.

Verre : Matériau transparent utilisé pour fabriquer les parois des aquariums. Vers polychètes : Groupe de vers marins qui peuvent vivre en symbiose ou en tant que parasites dans les aquariums.

Vitamines : Substances essentielles en petites quantités pour la croissance, le développement et le métabolisme des organismes vivants.

Xéniidae : Famille de coraux mous comprenant différentes espèces souvent utilisées dans les aquariums.

Zoanthidae : Famille de coraux mous comprenant différentes espèces souvent colorées et prisées par les aquariophiles.

Zooxanthelles : Algues

unicellulaires qui vivent en symbiose avec les coraux, fournissant de l'énergie grâce à la photosynthèse et contribuant à leur coloration.

Crédits photos : www.publicdomainpictures.net, www.pxfuel.com, www.rawpixel.com

Printed by Amazon Italia Logistica S.r.l.
Torrazza Piemonte (TO), Italy